佛國之旅

聖嚴法師◎著

自序

少年時代閱讀《西遊記》，知道佛國在西天；青年時代閱讀禪籍，相信佛國不離自心；接著明白佛國既不在心內也不在心外；經過這次朝聖之行，使我發現佛國是在印度的恆河兩岸。

我從少年時代起，即好讀高僧傳記，青年時代又關心佛教史蹟，故對佛教的名山古剎，及法顯、玄奘、義淨等西行求法的歷代高僧所寫的《佛國記》（即《大正藏》中的《高僧法顯傳》）、《大唐西域記》、《南海寄歸內法傳》等所記的風土人情，尤其著迷。

由於體力、財力和時間所限，加上自己不是一個喜歡到處覽勝的人，所以也沒有打算一一親訪那些佛教聖地。爾今年逾花甲，於去歲（一九八九年）十月及十一月間，竟然能夠在特別繁忙中，做了十五天印度及尼泊爾的朝聖之行。

去年是我有生以來，跑的地方最多、活動範圍最廣的一年。除了美國的紐約州，及其南部的德州，東部的紐澤西州，中西部的印第安那、伊利諾及密西根等三州之外，還到了英國的倫敦及威爾斯，在臺灣則除了中華佛學研究所負責兩門課之外，也為東吳及輔仁兩所大學各兼一課；並在亞、美、歐三洲的十多所大學，做了二十多場訪問演講，主持七個禪七和一期佛七，另加一週的大專青年佛學夏令營。

尤其使我忙上加忙的是，在沒有經濟基礎的情況下，竟於短短三十二天之間，分別在臺北為中華佛學研究所，購置了一塊十八公頃的建所用地，又在紐約為東初禪寺，增購了價值二十九萬五千美元的一棟宿舍。同時，也以整整一年的時間，籌辦了第一屆「中華國際佛學會議」。

我一向不善於度眾，更不善於啟口找錢，故在時間、體力、人力、財力等各方面，都處於極度短絀的局面下，還能隨團去印度、尼泊爾做了一趟佛國之旅，回想起來，眞是因緣不可思議！

佛教發源於印度，歷一千六百年而滅亡，東漢明帝時代，佛教初傳中國，經魏晉南北朝而大盛於隋唐，綿延迄今，也已將近兩千年了，由於中印兩國文化背景的不同，以中國人來體會釋迦佛陀行化印度的環境，不免有霧中看花之感。身為一個佛教徒，能到印度民族的生活圈中看看，除了親身體驗佛陀弘化時的悲願及辛勞之外，也的確會有意想不到的新發現。

雖然今日的印度，已見不到佛陀化世時代的崇佛盛況，佛陀時代的民族氣息，依然到處瀰漫；佛陀時代的自然環境，照舊鍾靈毓秀；巡禮釋尊的遺蹤芳跡，也能使我們緬懷嚮往而奮勉自勵。

朝聖行程結束，我回到紐約的僑居地後，又像前年去大陸探親回來一樣，胸中思潮起伏，不吐不快。

無奈我的日程太密，無暇執筆。直到去年十一月下旬之後，幸有葉果智居士，利用三個週末，並且向其服務的公司請了兩天事假，始由我口述，筆錄成稿。另有林果立居士，也幫我錄了後面的幾節，並將行程路線及地理位置，製成了標示圖。

書內所收的七十一張相片，有的是我自攝，也有好多是由同行的幾位居士提供。可見，此書的出版，乃是眾緣所成，一併在此誌謝。

一九九〇年四月五日清明佛七圓滿日聖嚴序於臺北北投農禪寺

目錄

一、朝聖與旅遊

所謂朝聖就是巡禮宗教聖地及其遺跡。遺跡本身並不含有神聖的意味，但它曾是發生過神聖事蹟的地方。就佛教而言，爲了緬懷佛陀遺留在人間的恩澤，我們以朝禮他的遺跡來表達崇高的敬意，這也是飲水思源、高山仰止、景行行止的表現。

旅遊的目的在於賞心悅目、舒緩緊張的身心，以各式各樣的湖光山色、人情風俗，來滿足求知欲，並擴展視野和心胸，所以旅遊本身既是娛樂也是教育，値得推廣。但是朝聖目的並不在於此，因爲在聖地所見到的可能只是斷壁殘垣，甚至是一片瓦礫的廢墟。不過，即使滿目瘡痍，蔓草荒煙，還是値得我們追思古人的豐功偉績。

在朝聖的過程中，其心情是沉重的，也是嚴肅的。到了聖地之後，每一舉手一投足，就像時光倒流，跟曾經在這些地方活動過的聖人們走在一起。那怕是一塊磚、一片瓦、一粒沙、一張枯葉、一叢枯草，都能使得朝聖者感覺到它跟他們所崇拜的古聖人是息息相關的。到聖地頂禮、膜拜，甚至步步禮拜，是對於他們所敬仰的對象從內心自然流露的一種情懷。因此在朝聖當時，能產生身心的反應和感應；在朝聖以後，也能使其人格品質昇華。所以，做爲一個佛教徒，能夠朝禮佛菩薩的聖地，在宗教的信仰和修持上，有其崇高的意義和價值。

二、印度朝聖的因緣

我在十幾歲時，就知道印度是佛教的母國，是教主釋迦牟尼佛的出生地和佛教的發源地；但是自從印度教復興以及回教累次入侵印度，到了西元十一世紀，佛教已在印度滅亡。要想回到印度看佛陀時代的佛教盛況，是不可能的事；而佛教的遺跡，經過回教徒幾百年的破壞摧殘，也都在地面上消失。在地下及若干洞窟裡的遺跡，於近世以來逐漸被各國的考古學家發掘出土，那多半也是根據中國文獻的記載，例如法顯三藏（西元三三五—四一七年）的《佛國記》、玄奘三藏（西元六〇二—六六四年）的《大唐西域記》，以及義淨三藏（西元六三五—七一三年）的《西域求法高僧傳》等所標明的遺跡所在及方位而得到的訊息。從尼赫魯政府的時代開始，成立了修護整理和保護佛教聖地的機構，但只能做到對於發掘出土的遺跡的保護，並無法加以重建或修復。同時從若干學者們的考察報告可見，有些地方雖被指爲聖跡，但是否就是當時釋迦世尊的遺跡所在，尙待做進一步的調查考證。然而，印度畢竟是佛陀的出生地，也是千千萬萬佛教徒們信仰所寄的發源地，能夠回去看看還是非常值得的。

前（一九八七）年有一天，我在臺南市楊正居士府上，談到佛法的源頭，當時有人提議，我們應該去印度巡禮。後來又聽說有好幾位法師和居士已經去了印度幾趟，而且打算再去，更增強了我想到印度走一趟的念頭。此外，由於我近年來體力衰退，如果再不趁著還可以出遠門走動的時候，回到我們佛教的源頭看看，以後的機會可能就不多了。所以，去（一九八八）年春天到中國大陸做了十九天的探親之行，今（一九八九）年秋天則決定了到印度朝聖的計畫。

當我把這個心願跟幾位弟子和信徒談過之後，大家都希望能夠一路照顧我、陪伴我。可是，當消息傳出之後，要伴我而去的人數愈來愈多，雖然經過資格的審核和條件的限制，比如健康、年齡、親近臺灣的農禪寺和紐約的東初禪寺的年資等，出發之時，竟還有八十個人，使我感到意外。類似這種浩浩蕩蕩、勞師動眾的事，不是我所希望的，但是既成了事實，我也沒有辦法拒絕了。好在臺灣和美國兩地都有幾位熱心的在家弟子，代我負起了這次印度朝聖的籌備工作以及全程的服務之責，我只是輕輕鬆鬆地跟著團體，讓大家照顧著去，又照顧著回來。

三、準備工作

根據過去印度朝聖者的經驗以及旅行社的要求，我們須先做好防疫防病的準備。因爲印度是亞洲國家中衛生環境最差的地區之一，流行著各種各樣的疾病，所以我們必須到公營的衛生機構去注射預防針，包括牛痘、霍亂、瘧疾等；美國隊還增加黃熱病、小兒痲痺等的預防注射。

我們也受到警告，在印度的旅行過程中，不能喝當地的水，不可以吃當地的食物，甚至有幾個佛教聖地，根本沒有食物供應。旅行社要求我們自備水壺、乾糧、醬菜，乃至有人建議我們最好攜帶鍋、瓢、米、麵和碗筷。所以在出發之前，由黃詹愛居士等採購了大批食物，包括速食麵、餅乾、乾麵條、米粉，各式各樣的素食罐頭，以及海苔等，每個人分別攜帶三公斤到五公斤。此外還有隨團的醫護人員，準備了醫療器材和藥品，比如阿斯匹靈、綠油精、八卦丹、紅藥水、碘酒、雙氧水、胃藥、胃散、感冒片，退熱、鎮痛、整腸等各種藥品，乃至注射器等，帶了好幾箱。

還有一件更重要的事。聽說在印度的旅程中，從早到晚，不要奢望找到公共廁所，就連普通的家庭也沒有廁所。所以請團員一位做室內裝潢的專家鄧清太居士，特別爲每一車設計了一個能夠活動折疊、收放自如的臨時廁所，只需每天帶兩只垃圾袋上車，下車時丟進垃圾桶就好。這幫了許多人的忙，尤其是女眾。雖在車上使用臨時廁所，很不舒服，但有還是比沒有好，我自己也用了兩次。

從以上所做的準備工作看，印度的生活環境，比中國大陸的偏遠農村還要原始，在中國大陸至少還有露頂的廁所。也許印度這個民族就是那麼的愛好自然，所以樂天知命，過得非常自在。

四、好不容易上了路

因爲印度和中華民國沒有邦交，必須由旅行社彙集我們的證件，送到印度航空公司駐臺辦事處，然後再轉送到香港的印度領事館，辦理簽證手續。首先，要把臺美兩地所有參加朝聖團的人員資料收集齊全，就是一件麻煩的事。香港的印度領事館還規定，每一位團員必須親自到領事館辦理簽證，更是大費周章。後來透過種種管道和關係，雖然不要求我們一個個到香港辦簽證，可是一直等到臨出境前三天，還沒有收到印度政府的簽證，承辦這趟朝聖之行的大使旅行社和我的中美兩地的主辦弟子們，都急得像熱鍋上的螞蟻。我們每人都已經付了大半的旅費，大使旅行社也早已爲我們訂妥各班飛機，和沿途住宿的旅社以及交通工具，印度當地的旅行社也早已派人來臺北收去了三分之二的費用。如果拿不到簽證，而臺北的農禪寺和紐約的東初禪寺也將無法對信徒們交代了。但我當時還不知道有這種問題。

行程預定十月十七日出發，直到十月十五日晚上，負責其事的廖雲蓮和施建昌兩位居士才告訴我說：「師父，沒有問題了，我們可以上路了。」我覺得很奇怪：「爲什麼？本來不能上路嗎？」那時他們才把實情告訴我，並且說：「我們剛剛才拿到印度政府的簽證。」我們又想到美國隊簽證怎麼辦，因爲在美國參加的團員之中，有四位持中華民國護照，也跟臺灣的團員同時辦理簽證，如何把簽證及時送達美國，是不堪想像的事。可是廖居士說：「師父，不要擔心，已把簽證送去了紐約，時間上一定來得及。」

結果，臺灣隊順利出發。至於美國隊方面，我到了尼泊爾的加德滿都才知道，持有美國護照的都已到達並與我們會合，而持中華民國護照的，尚在美國等待簽證文件。我們在加德滿都停留了兩天，美國隊的四個人總算也趕到了。

五、臺北・香港・尼泊爾

從臺北出發之前，曾經做了兩次的行前講解。第一次是在九月十二日，假農禪寺做了兩個小時的講習。首先由我開示，讓大家了解朝聖和旅遊的不同。古代的中印諸大祖師和高僧爲了求法與弘法，無不歷盡千辛萬苦，才能從中國到達印度或從印度來到中國。他們或者從陸路經過大戈壁沙漠，像玄奘三藏那樣的西遊歷程；或者從海上冒著巨風大浪的危險來到漢地。通常出發時有十幾人，到達時卻只剩下兩、三人，回來的人就更少了，可能百人之中只有幾位。當時的交通工具落後，地理形勢惡劣，仍有人前仆後繼，爲的是什麼？就是爲將佛法傳來中國。今天的我們搭乘飛機，費時十多個鐘頭就可到達印度，而且處處有旅館住宿和現代化的汽車代步，應該感到非常的幸運滿足。所以我們在行程中，第一，保持健康；第二，不鬧情緒；第三，心念不離佛法僧三寶；第四，到了聖地，不可三三兩兩嘻嘻哈哈、東張西望，應該像親自見到了佛，虔誠恭敬肅穆莊嚴；第五，因爲是朝聖，不是旅遊，在行程中不要計較食物的好壞，不可爭搶房間、床位和座位。大家聽了之後，好像已經到了聖地一樣，頓時嚴肅起來，虔敬之心油然而生，也產生了稀有難得之想。最後由施建昌居士把行程中所要注意的事項，詳細地爲大家說了一遍。

第二次是十月初，到臺北市松山機場民航大樓去看印度朝聖的錄影帶，讓大家預知要去的地方是什麼景況。我因事忙，沒有參加。

十月十七日上午八點開始，農禪寺陸續有人來報到和送行。九點上車之前，我們在大殿集合，禮佛三拜，向常住告假，十點到達桃園中正國際機場。因爲是團體行動，所有託運的行李都排列在檢查台前，每件都貼上了大使旅行社的標籤，再綁上黃布條，以資識別。通關並不麻煩，倒是等待每件行李的到達，花了好多時間。又因爲有幾位住在臺北市的團員個別前來機場，還有兩位是從臺中趕來，所以讓全團的工作服務人員焦急等待、找尋了一陣子。最後大家終於過了關，我和幾位出家法師以及團長楊正居士，先由機場服務人員陪同，優先通過檢查，送進候機室，其他人員陸續進來。十二點正，飛機離開了桃園機場，經過一個多小時，在香港啓德機場降落。

我過境啓德機場已有四次經驗。第一次是一九八二年七月，到新加坡訪問，往返途中都在香港停留一個多小時。第二次是一九八八年四月，去大陸探親，在香港住了一夜。第三次是一九八八年七月，在香港做了四天的弘法訪問。這一次是第四度經過香港。不過，其中只有兩次進入香港市區，其他只是從這一班飛機換到另一班飛機，去新加坡的那次甚至只是飛機暫時停留，連下機的機會都沒有。這次雖然下機，還是沒有時間進入市區。

因爲由臺北起飛是乘國泰公司班機，在香港必須轉搭印度航空的飛機，預定下午三點起飛。但是班機誤點，直到五點二十分才讓我們登機。聽說東南亞的航空公司，以印航的品質最差，但是我們別無選擇，因爲是它代理我們辦簽證手續的。經過四個多小時的飛行之後，於當地時間傍晚七點三十分抵達尼泊爾的加德滿都機場。

一下飛機，走出機門步道，就見到對面牆上一幅釋迦世尊初轉法輪的說法圖，使我們感到非常欣喜，似乎意味著朝聖行程已開始，已經到了佛陀的聖地。

雖然尼泊爾的機場設備尚未現代化，但服務人員還算親切，對我們行李的檢查沒有作多少留難，倒是我在機場發生了一件小小的事故。當我們正等待入境證件查驗時，聽到廣播器在找人，喊出的名字就是我，要我到他們航空警察辦公室去一趟。這使我相當驚奇，一問之下，說是有一包重要的證件和財物，或許是我丟掉的。我一檢查，發現錢包和證件袋的確不見了。後來到了航警辦公室，他們問我裡面有多少錢、有些什麼證件。好在證件上面都有我的照片，一看是我本人，什麼也沒說就還給了我。

這是我有史以來第一遭發生這種事，我一向把重要行李和物品隨身攜帶，不敢假手於人，這次並沒有大意，至於如何遺失了那包東西，其中另有故事。原來我的侍者在飛機上替我整理行囊，認爲我的手提僧袋太重，所以把那包東西拿出來，收到另一隻較大的袋子裡去，結果下機時竟讓那包東西掉到座椅下面去了。一位航警人員清理檢查時發現它，遂交給上司處理。那位警察後來跟我照了相，我給了他一張名片，我要送他錢，他不敢接受，送他一套金筆，倒是很歡喜地接受了。我回到紐約一個月以後，便收到他寫來的一封信，要求我邀請並招待他來美國做一次旅遊；這筆人情債，我還在設想如何酬償。從這一點看，尼泊爾的國民道德並不差，不因貧窮而拾遺歸己，這是非常值得讚歎和表揚的好人好事。這位警察的名字是蘇第．阿強亞（Insp. Sudip Achanya）。我回到紐約之後一星期內，就給他們的航空警察局局長寫了一封信，對他們的國家表示敬意，並請他表揚這位警察人員。

六、朝聖的首站——尼泊爾

由於釋迦世尊的出生地屬於現在尼泊爾境內的藍毘尼（Lumbinī），所以把尼泊爾列入朝聖的行程之中。但我當初以爲一開始就到佛的出生地，然後循著他出家、修行、成道以至涅槃的過程，走完他一生的行跡。後來才發現，旅行社是爲行程安排的方便，才讓我們先經尼泊爾的首都加德滿都，然後進入印度，再回到尼泊爾境內的藍毘尼園。在我的觀念上，這是倒過來走，但對旅行社而言，這是他們一向的行程安排。由於這個緣故，朝聖日程的頭三天，都在加德滿都度過，所見到的是尼泊爾境內的風土人情、宗教文化，而不是我們所要訪問的佛教聖地。

尼泊爾的地理環境位於中國的西藏和印度之間，主要是山巒起伏的高山地帶，除了與印度毗鄰的邊陲有一小部分是平原之外，其他都是綿亙於中印之間的層層峻嶺；有世界屋脊之稱的喜馬拉雅山就在其境內，最高的聖母峯海拔八千八百四十八公尺，加德滿都盆地最低處，也有海拔一千三百公尺。尼泊爾東西縱貫成條狀，最長之處有八百公里，南北寬度從九十公里到二百二十公里，面積跟奧地利和瑞士相當；人口約一千七百萬人，百分之四十二在十五歲以下。

尼泊爾是個君主政體，首都加德滿都，市區人口三十萬，大都會區的全人口八十萬，其餘人口散布於山區各地及平原的一部分。到目前爲止，該國尚無重工業，連輕工業都很少，除了農耕就是以手工藝維生，所以經濟非常落後。他們有三種語文，用尼泊爾語的佔百分之五十八，用印度語的佔百分之二十，少數民族用紐瓦利語（Newari），只佔百分之三。

受尼泊爾政府認可的宗教只有三種，百分之九十的人口是印度教徒，百分之八是佛教徒，百分之二是回教徒；基督教和其他宗教在尼泊爾是非法的。由於尼泊爾受到印度文化的影響非常深，同時地處高山盆地，所以充滿了宗教的神祕氣氛，處處都可看到宗教的建築和偶像的供奉。

據說加德滿都最早是一個大湖，充滿了藍色的水，後來從中國去了一位文殊菩薩，用他的劍把山谷削了一個口，湖水流瀉，顯出了現在加德滿都區的盆地。幾千年來，尼泊爾王朝就在那裡

▲加德滿都盆地風光。

起起滅滅，尼泊爾的文化也在那裡一代一代傳了下來。

因為尼泊爾的地緣與印度、中國交界，所以可以看到中國文化和印度文化共榮並存的現象，特別是從古代王宮及寺院建築的形式，可以很明顯地發現這兩種文化被尼泊爾所接受的事實。在中國唐太宗的時代，中國有位文成公主下嫁西藏王，而尼泊爾也有位公主嫁給西藏王，可見尼泊爾跟西藏的淵源很深。所以今天尼泊爾的佛教，除了最近由錫蘭和緬甸等國傳去的上座部佛教之外，多半的佛教信徒和寺院，都屬於西藏系的喇嘛教。

尼泊爾的宮殿建築跟中國唐宋時代的樓閣建築類似，紀念性的石塔建築則採取印度的窣堵波（stūpa）形狀。尼泊爾可能沒有產生過自己的本土文化，即使有，也是很少。它沒有海港，而除了平原區有少數幾條通向印度的鐵路，整個山區沒有鐵路。如此小國寡民，能夠生存於中印兩強之間，委實不易。好在現在有空中運輸，爲加德滿都市區帶來了現代文明的氣息。

七、加德滿都

前面已提到加德滿都是尼泊爾的文化發源地，是政治、經濟的重鎮，尼泊爾如果沒有加德滿都，就沒有文化；所以我們訪問尼泊爾，主要是看看加德滿都。十月十七日晚上，我們預訂的蘇提奧白洛旅館（Soaltee Oberoi Hotel）被一個歐洲團體所包了，遂把我們這一團送到一個比較小的旅館，叫那拉亞尼（Narayani Hotel）。當我們到達之時，發現美國隊的負責人盧惠英居士已先我們而到，她告訴我，持中華民國護照的四個人尚在紐約等待簽證，我只好為他們四人向三寶祈禱，祝福他們如願成行。

第二天，也就是十月十八日，早餐之後有兩個小時的自由活動，我便帶著果元師及另外兩位居士到街上看看。在旅館門口，聽見服務人員說，對街不遠處就是阿育王塔，這消息使我眼睛一亮。走出旅社大門後始回頭發現，進門處中央懸掛著巨幅的紅幛，上面用白色的英文寫著「歡迎臺灣、美國來的印度、尼泊爾朝聖團」，使我們感到很被重視，也讓團員們感覺到一股親切之情。加德滿都的街道還算乾淨，然而市民的衣著多半相當襤褸，僅有少數穿著入時。

八、阿育王塔

橫過旅館前的大街，坐落著一個大蒙古包型的土堆，頂上露出一截塔尖，那就是當地人傳說的阿育王（Aśoka）所建的窣堵波。據說，西元前三世紀，阿育王親到加德滿都盆地，在巴丹（Patan）地區的四個重要地點各建一座佛舍利塔，到現在碩果僅存的只此一座。

當我們到達塔前，發現有不少婦女手中拿著盤子，盤內放著白米、鮮花、油燈，還有紅色的石粉，右繞佛塔，爲該塔四壁的守護神像做供養。她們先撒米、散花、灌水，以手指沾紅粉點神像的前額，舉手擎燈做供養姿勢，然後把神像右邊所懸的小鈴輕輕撥響一下。這種程序多半經過一匝後離開，有的周而復始，經過三匝才離開。附近還有幾座小塔及神龕，她們也做同樣儀式的供養；阿育王塔的正前面，供有石雕佛像，也是她們供養的對象。石像兩旁各有一排由紫銅打製的圓筒型經幢，上下有軸，可以活動旋轉，上面刻有梵字的經文，每人經過時均用手撥弄，經幢就會滴溜溜地轉動，本地人稱爲轉法輪。我們後來發現附近旅社的樓梯欄杆也裝飾著這種形狀的經幢，任由旅客上下之時用手轉動。這種風俗可

▲加德滿都的阿育王所建佛塔。

▲「轉」法輪。

▲虔誠的供塔女。

能來自西藏佛教的信仰，因爲西藏的佛教徒，幾乎人手一個可以自由轉動的小型法幢，上面刻有「唵嘛呢叭嘛吽」的藏語咒文；可是在尼泊爾的其他地方，再也沒有看到類似的轉法輪的風俗。

當地婦女信仰態度之虔誠恭敬和至誠奉獻、全心投入，很令人感動。我本以爲她們都是佛教徒，詢問之後才知道她們不否認自己是佛教徒，實際上卻是印度教徒。換句話說，在當地，佛教和印度教已混合爲一，也把佛教的聖跡當作印度教的信仰中心來看。

就在阿育王塔左上方的山崗上，有一座喇嘛廟，叫沙克渥廟（Sharkword

Monastery）。我們循著石級而上，那是一座四合院式的喇嘛廟，廟中有正殿、禪堂、圖書館、講堂、僧寮，是兩層樓的建築。我們只見到四位老少男居士在那邊照顧，而並未見喇嘛的蹤影，聽說原來住在這裡的喇嘛早已離開多年。我們在此也做了供養，並且參觀和參拜全部的設施、佛像，以及瀏覽了幾大櫥手寫的藏文藏經。參觀之後，眼前這片荒蕪落寞的景象使我不勝唏噓，且久久無法釋懷，唯有默禱佛法在此復興。

九、四眼天神廟

十月十八日上午十點，離開那拉亞尼旅社，四輛遊覽車駛向加德滿都市區西方，一個在盆地裡孤峯突起的山崗。山崗上有一座Swayambhunath，是以四面各畫著兩隻眼睛爲其特色的佛塔，中國人稱它爲四眼天神廟。它的形狀是印度窣堵波式，即覆鉢之上加兩重傘蓋，在鉢巔與傘蓋之間是四方形的塔身。塔身四面各有一對眼睛，每副眼睛的中間，用「?」的符號當作鼻子，那是代表尼泊爾文中的「一」這個數字，是統一的象徵。這座大塔是名勝的中心，其他建築都圍繞著大塔，從山頂沿著山坡向下分布。除了大塔之外，尚有九座建築物，多半只能在外面參觀，不能深入內部。特別是大塔，只供圍繞和膜拜、觀賞，內部似乎是實心的。塔身全貼以金箔莊嚴，從塔頂到底座懸有一串串的彩色小旗，在半空臨風飄蕩。周邊用一條條的彩色絲巾和毛巾懸掛圍繞，這應是大乘密教的色彩。據當地的神話說，這個山丘是文殊菩薩初到此地發現湖中長有蓮花的地方。現在看來，如果加德滿都的盆地像蓮花的花托，那麼這個山丘就像花中的一束花蕊，四面萬山環繞，它是盆底的孤峯，風景非常優美，是尼泊爾的佛教聖地之一。四眼天神

▲加德滿都的四眼天神廟。

廟之旁有一座建於一九五四年的喇嘛廟，門楣上分別用藏文和英文標示，英文寫的是Gaden Maitri Buddha Preach-Perform of Sutra Tantra Desire Emancipation Monastery。該廟重建於一九八六年，住有喇嘛三十多位，到時他們正在誦經，很殷切地希望我們去參拜。團員中有幾位由於內急，到廟裡找廁所，我因爲很累，所以沒有下車。我們在這個地方第一次嗅到印度和尼泊爾地區特有的味道，他們隨地便溺，沿路都有人糞，即使這是佛教聖地，一路上山，都是黃金遍地。當地人習以爲常，旅客們也視爲當然。

一〇、活女神

上午十一點多，到巴山塔坡（Basantapur），下車後先步行經過一條約一公里長的新街道，到達德巴（Durbar）廣場，那片空地擺滿了宗教用品及紀念物的地攤，再穿過舊皇宮，到活女神庫瑪利．巴赫（Kumari Bahal）的廟，那是一棟純粹木造的四合院式兩層樓的建築。我們的導遊把她介紹為尼泊爾的女活佛，其實她跟西藏的喇嘛活佛完全沒有關係，此乃出於尼泊爾皇室的特有信仰。

據說庫瑪利是印度教濕婆神的妻子杜爾嘉（Durgā）的化身，所不同的是，庫瑪利是處女神。相傳在西元第八世紀，有個女孩叫莎珈（Sakya），自稱是庫瑪利的化身，被國王驅逐，這件事激怒了王后，國王很後悔，遂把女神帶回來，把她鎖在一座廟裡。另一個傳說是，有位國王曾和女神塔列珠（Taleju）下棋，某個夜晚他想染指她，女神很生氣，告訴國王她再也不回來了，國王苦苦哀求，最後女神答應以神聖不可侵犯的年輕處女身回來。

活女神通常從四、五歲的女孩中選出，這些女孩都是釋迦族的金匠或銀匠的孩子。候選人的身體必須完美無疵，而且必須具備三十二相，選擇的最後階段在廟中進行，過程很殘酷：男人扮成魔鬼去嚇這些小女孩，並在四周放著血淋淋的牛頭。在這過程中保持鎮靜的女孩才能成爲活女神，而且她必須從一大堆衣飾中挑出以前的女神所用過的東西，這是最後一項考驗。女神的出生年月日，不能和國王犯沖。她住在活女神廟裡，直到生理期來臨或因受傷而流血才卸任。女神只在舉行宗教祭典時才能離開廟宇，而且必須由人抬載，雙腳不能著地。當女神的任期屆滿，可以帶著一大筆財富離開，並且可以結婚；但是很多卸任的女活佛已習慣多年的無所事事和別人的阿諛奉承，並不想做家庭主婦和母親。此外，有人說，做過活女神的女孩會爲家庭帶來惡運，並使丈夫早死。

山岳地帶多精靈或神明，所以神的轉世或附體的信仰會在尼泊爾產生，在西藏也會產生。西藏喇嘛教的活佛轉世制度是來自西藏本地的棒教，他們即有類似的化身信仰之說，認爲諸神可與人類混合身體，或借用人類的身體成爲他們的身體，有的可以把人原來的神識趕走而佔用該人的身體，有些與人的神識共用一個肉體，有的則托胎成爲人的身體。西藏的活佛轉世制度爲時並不太早，乃從宗喀巴的弟子開始。宗喀巴是西元十五世紀的人，而尼泊爾這位庫瑪利活女神的信仰，在西元第八世紀已經有了，經過一千一百年，尚未廢止，一定有其道理，不可僅視爲迷信或陋習。它跟佛教輪迴生死的思想不太相同，但以佛教觀點來看，世間福德之神的壽命可以長達數千年，這是受到肯定的；何況有些神靈在福報享完消失於人間之時，又有另外的神靈以同樣的名字來接替同樣的名位和職掌，也在人間享受同樣的待遇。這種轉世的信仰，除了流行於尼泊爾及西藏之外，其他地區的任何佛教教派都沒有這種現象，這也意味著山岳地區的宗教和平原地區的宗教不太一樣。

每年八月到九月之間，有三天活女神的祭典，她會被請下樓來，並到外邊做三天的遊行；三天中腳不著地，有人背她上下鑾椅。平時她與其家族及幾位年齡相若、供作玩伴的女孩一起生活，並且供所有前來的信眾瞻仰，目前已成為大批觀光客的參觀重點。當我們進廟以後，沒有看到女神，倒是有幾位她的玩伴在窗口出現。有位導遊把一張紙幣放在前面石製的供壇上，這時現年才九歲的活女神從二樓窗口出現，讓大家瞻望她的丰姿，驚鴻一瞥之後又從窗口消失。從她的臉部表情和眼神看來，無法相信那是九歲的女童，但她的身影還是個小女孩。這樣的女神究竟所為何事，大概就是為了表現她是神而不是人而已吧！她對於這個國家究竟有多大幫助，那是可從宗教信仰來解釋的。

二、巴丹

加德滿都一共有三個主要區域，即是德巴、巴丹、巴德崗（Bhadgaon），都曾由不同的王朝分別建立王宮。德巴在現今的市區，拉利巴（Lalitpur）是巴丹的原名。十月十八日下午，我們到巴丹參觀了馬拉（Malla）王朝所建的王宮，它已有一千六百多年的歷史，是尼泊爾最古老的王宮。凡是王宮附近必定有相當於王宮大小的印度教的神廟，是王室用作祭典的宗教中心。到現在為止，還是只有印度教徒可以進出，所有一切外教徒都被嚴禁進入，這是它的特色。

當我們參觀王宮時，還可以從一個殿到一個殿地任意參觀，到了印度教的寺院門口，卻有兩位荷槍實彈的守衛士兵在門口擋住我們，而且禁止攝影。印度教的信仰認為人類分有四大階級，除了婆羅門、剎帝利和吠舍可以有宗教信仰、可以祭神之外，賤民則是不潔的。我們這些外來的訪客，既不屬於印度民族，也就無法歸於任一階級之內，只好把我們當作不潔的民族看待。不僅是他們的神廟禁止外人登堂入室，就是婆羅門階級的一般家庭也不歡迎陌生人訪問；特別是廚房，在炊事進行中，絕對禁止外人闖入，否則等於瘟神入境。

我問當地人士，外族究竟那裡不清潔，他們的解釋也很有道理。有一位婆羅門階級的男士對我說：「像你這樣的古魯（Guru）我們不會禁止，擔心的是那些沒有宗教信仰或對於印度教抱著懷疑、譏笑、批評、誤解態度的人進入我們的宗教聖地，對我們所禮敬的神有不禮貌、不適當的言行，這是我們無法忍受的，所以索性不讓外人進去，省得彼此發生不愉快的事件。」他的意思是，並非外族身上帶有邪氣，也不是因爲他們內中有古怪的祕密，不得爲外人所知，乃是由於宗教信仰的差異所作的自我保護。

▲加德滿都古王宮（右），及印度教寺院（左）。

一二、西藏難民營

參觀了印度教寺院的前庭之後，我們又參觀了西藏難民營，那是一座編織羊毛地毯和羊毛織物的手工藝工廠，範圍不大，只有三大間編織廠房和一大間染毛線及曬毛線的廠房。他們把普通的羊毛漂白後做成毛條，紡成毛紗，再合成毛線，染成各種顏色，最後編成毛毯或毛料衣物。過程一目瞭然。凡是一樣成品出產，要經過許多手工，但價格並不很貴。

他們的生活當然不富裕，甚至可說相當貧苦。但是西藏民族非常和平安詳快樂，我們見到上百位的西藏婦女和幾十位藏胞男士，一邊工作一邊唱歌，每間廠房中，只聽到歌聲此起彼落，一片歡樂的氣氛。我們聽不懂他們究竟唱些什麼，感覺上其節奏和音調都很輕鬆、歡暢、快樂，毫無辛勞和憂苦的感覺。我們似乎進入一個無憂的國土，也被感染上滿心的歡喜。

他們見我們法師到訪，多半會稱呼一聲喇嘛，另外會說一聲「那麻斯戴」（Namaste）。「喇嘛」（Lama）在西藏的意思是老師或長老，不是一般出家人，但現在已經當作所有藏地出家人的通稱。Namaste這句話，是南亞各國民族所通用的

▲西藏難民手工藝中心的女工們。

打招呼用語，相當於「你好嗎？」或英文的「Hello!」「How are you?」

我們美國隊團員中的王明怡居士，在那兒買了一件厚厚的羊毛外套，價錢不到美金十五元，眞是價廉物美，可惜太重了，否則大家都想多買幾件。因爲朝聖的行程才剛開始，大家不敢買太多笨重的物品。

一三、尼泊爾手工藝中心

從西藏手工藝中心出來，又到尼泊爾當地人的手工藝中心參觀。這是另一個天地，專門製造出產佛畫、佛像、供器和各種各樣的神像。

他們用工筆畫作畫，用手工打製各式銅像、銅器，在布料上面畫出各種大小的佛畫，內容多半是印度教和佛教的曼陀羅，也有將銅片、銅條、銅絲用剪、鎚或銲完成大小不等的產品。製造過程非常繁複也相當費時，產品價格倒不貴，但對外國遊客喊價卻不老實，可以喊得很高而還得很低，一個不小心就會上當吃虧，只有心狠的人才買得到便宜貨。我總是買到貴的，所以如果我看上什麼佛像、佛畫，團員就叫：「師父，你走。」由他們一手包辦。這很像臺北中華商場，漫天要價，就地還錢。我在那裡看上兩幅畫，分別由兩位女居士發心買下給我，準備將來作爲法鼓山的陳列品。

一四、萬佛寺

從尼泊爾手工藝中心出來，我們到了一座建於西元十七世紀的萬佛寺，這是一座喇嘛廟。所謂萬佛寺是一座塔，上面每一層的塔壁牆面，嵌滿了石雕佛像，有的是浮雕，有的是鑲嵌。塔內也供有佛像，但禁止入內。我們當時看到一位尼泊爾喇嘛在爲人超度念經，也有齋主在一旁參加儀式。佛殿相當小，只能容納三、四個人；至於萬佛塔的工程實在相當精細，可是並不雄偉。我們在前面說過，尼泊爾的喇嘛教和印度教雖然寺院不同，所供的佛像、神像有所差別，但當地信徒分辨不出印度教和佛教的差異。這有點類似中國的民間大眾對道教和佛教也同等看待。此即一般人需要的所謂宗教功能吧！不論宗教的思想觀念是什麼，只要具備宗教的現象和信奉的功能就夠了。

一五、巴德崗

巴丹位於距加德滿都市中心五公里處的東南方，巴德崗又叫巴德坡（Bhaktapur），距市中心東北十五公里。我們在十月十九日上午到達巴德崗，此地所遺留的宮殿廟宇和古建築，都是西元十七世紀末期馬拉王朝的國王布帕廷德拉．馬拉（Bhupatindra Malla）所建。我們在那裡看到雄偉而極富藝術價值的雕刻與建築。那兒有一座印度教寺院的大門，稱為「金門」，門框四周都是純金的浮雕，門楣上是一尊千手的濕婆神雕像，門樓頂上有四種動物及三朵蓮花，花上有三座塔，三座塔的頂端有五重傘蓋，都由純金製成。我們很奇怪竟然沒有人盜取，可見當地民風和宗教信仰有相當的關係。該寺院大門雖然著名，其寬度卻僅能容納兩人出入，高度只有一個人高。該處王宮及寺院內部建築的門戶都非常小。大門算是很小了，裡邊各處門戶則更小，都不到一個人的高度，寬只容一個人半進出，但是房子卻很高大。我問當地導遊：「尼泊爾人的門戶為什麼這麼小？」他們答說：「原住民族身材都很矮小，就是現在的尼泊爾人也不很高大，再加上要防備外人的入侵和進攻，所以把門做得很小。」

一六、恆河上游的虎河

從印度地圖看，恆河的源頭支流有很多，在尼泊爾境內注入恆河的是從加德滿都發源的虎河（Bagmati River）。因為恆河對印度的文化、宗教都有極重要的地位，所以印度教徒視恆河為聖河。而尼泊爾既然是以信仰印度教為主的民族，所以也把恆河上游支流之一的虎河看作聖河。我們於十月十九日上午來到河邊一座印度教濕婆神的巨大寺院之前，只能隔著河流在東岸向西看。河流的寬度只有三丈多，不到四丈，水流清澈，一眼見底，但流速湍急，雖然不深，看來猶如峽谷的激流。河上有橋，可以通達濕婆神廟，當我正要上橋，被對岸的人大聲喝住。原來那是他們的禁地，外人不能擅自闖入，我們只好在此岸眺望。那座殿宇相當雄偉，並且有三座金頂建築物，臨河的幾棟樓閣形建築，有許多信徒流連，動作非常悠閒，好像無所事事。我們八十人向那邊看，他們也向我們這邊對望。團員中有許多人拿相機對著他們拍照，他們似乎視若無睹。

神廟左前方的河流下游，有許多婦女在河邊浣衣，兒童裸體在河中戲水。有幾個赤身露體的兒童走近我們，伸手要錢，用簡單的英語說「Give me one Rupee」

▲加德滿都虎河邊印度教神廟及火葬台。

或者只說「One Rupee」（給我一個盧比）。也有許多流動攤販，手中拿著成堆的念珠，向我們兜售。在濕婆神廟前面的河邊上，有兩座火葬台，是個長方形的大石板，只有一個人寬、兩個人長。當天我們沒有看到火葬的實景，但是據當地導遊告訴我：「尼泊爾人相信，若在濕婆神廟前虎河之畔火葬，葬後的骨灰立即拋入虎河，隨流而下，進入恆河，就能上天堂。」因爲河水流速甚快而終年不絕，所以河底未見有骨灰的殘渣遺留。像這樣的火葬方式，我覺得很乾淨俐落，不必再要後人爲他準備墓園、立墓碑、建墓壙，也不必舉行每年的掃墓祭祀等。中外許多古代帝王爲自己身後營建王陵，往往勞民傷財，如見到這樣的信仰和風俗，應該感到慚愧。

一七、西藏難民的喇嘛寺

一九五〇年代，西藏全面抵抗中國大陸的統治。導致達賴喇嘛流亡印度以來，西藏難民一波一波地翻過群山峻嶺，從幾條祕密山路逃亡到印度的拉達卡（Ladakh）及尼泊爾的加德滿都。在加德滿都有兩個重要的喇嘛教聖地，第一個即上面介紹過的四眼天神廟，那是早期的聖地。近代又在市郊另建一座比照四眼天神廟的大塔，新到的西藏難民及同來的各派喇嘛，就在這個新的四眼天神廟的周圍分別建立寺院，目前已多達二十幾所。

我們茫無目的地在大塔四周轉了一圈，見到西藏難民們擺設喇嘛教的法器、念珠、聖像等零售攤位，其中也有一些是尼泊爾本地人。我正在一個攤位觀賞西藏佛教的法器，有位年輕的喇嘛走了過來，用漢語稱我「師父」，並且用漢語說：「好久不見了。」使我感到既親切又驚奇。我怎麼可能有徒弟在這裡，而且是一位眉清目秀、相貌堂堂的年輕喇嘛。我問：「在那裡見過啊？」他說在臺灣北投的中華佛教文化館。原來兩年前他師父訪問臺灣，曾經接受我的邀請，到佛學研究所演講，他當時是陪侍人員之一。我恍然大悟，但兩年前的他並不會說漢語。他告訴我，他們爲了向臺灣弘法，也接受臺灣的支援和護持，一些資質優秀的年輕喇嘛開始學習漢語。他引我到不遠處他們臨街的寺院，全體喇嘛正在誦經，這時我才知道我們的團員見到喇嘛寺院就進去拜佛。寺中喇嘛知道我是他們的師父，趕快出來見我，也稱我師父。因爲我們趕時間回旅館午餐，所以在禮佛供養並跟住持略作寒暄之後，就離開該寺。那座寺院規模不大，住了十多位老少喇嘛，佛像倒是很大，佛殿布置得很華麗莊嚴，都是巨幅的曼陀羅畫像和密教的各種護法神像，色彩堪稱富麗堂皇。這是我到尼泊爾之後，感到最有西藏佛教色彩及純粹喇嘛教的一個道場。

當我上車之後，汽車正要發動，發現好幾位同車的團員手上都拿著一包一包的佛陀舍利，興高采烈地告訴我：「師父，我們請到了舍利了。」我很感意外又欣喜，正要問是從那裡請來的，此時車窗外有位喇嘛在敲我的車窗玻璃，並且含笑向我合掌，手上拿著跟團員同樣的舍利紙包向我顯示。團員之中的蕭絜仁居士很興奮地告訴我：「師父，我到尼泊爾的第一天就想找一位正巴喇嘛，現在就在車外站著呢！不可思議。」我立刻下車向那位喇嘛問訊招呼，他用漢語說：「我叫正巴喇嘛，我是出家人，不會打妄語，這是眞的佛的舍利，法師要多少，我可以供養。」我問他：「多少錢一包？」他說：「舍利不賣錢，但你們跟我們道場慈悲結緣的話，多少都可以，我正在很辛苦地營建一座寺院。」團員之中有人給五塊美金拿到五至十顆舍利，我想這樣的供養太少了，便隨手給他一百元美金說：「你給不給我舍利都沒有關係。」他收下錢，給我一包舍利，並未言謝。紙包中共有十顆舍利，有的團員認為太貴了，我說那筆錢是為了布施供養，不是買舍利。這可說是一個奇遇。

一八、虔慶寺

下午是自由活動。午餐後，有位團員李昭男居士想去新的四眼天神廟旁的另一座寺院，叫虔慶寺（Janchen），見該寺的住持丹確（Dhancho）喇嘛。李居士一向學密，認識很多西藏喇嘛。此時全隊人員分別有兩種意願，一批希望去騎象，一批願意跟著我去參訪喇嘛寺。結果只有少數人去騎象，多數人跟著我去參訪。

當我們到達之後才知道，那所寺院屬於花教的派系。該寺的創建人是特動活佛（Deshung Rinpoche），已於一年前過世。他於一九七六年到一九七七年之間，曾經在美國紐約長島沈家楨居士的菩提精舍住了一年多，我跟他有數面之緣，也談過幾次話。第一次是先師東初老人訪問美國時，特別由沈居士陪同，和他訪談一個多小時。他是一位學者型的喇嘛，可能是到過美國的喇嘛之中，少數幾位最有學問的喇嘛之一。他後來到了美國西部的洛杉磯，開創「西藏中心」，同時在尼泊爾建立這座寺院。他跟臺灣的關係也很密切，所以這座虔慶寺的建築財源有不少是來自臺灣，目前尚有一位來自臺灣的王女士阿娥常住在該寺，當天就由阿娥居士爲我們做藏語和國語的翻譯。由交談中得知，該寺尚未建設完成，雖有相當大的一片土地，到目前爲止，只有佛殿及僧房各一棟，他們正在設法找到更多的經費來完成全部建築。

該寺現住有二十幾位大小喇嘛，最老的六十多歲，最小的七、八歲，目前主要經濟來源是國外的支援，同時也靠爲信徒誦經，每人一天可得三十盧比的供養金。我們雖是不速之客，那位住持喇嘛卻非常高興，很親切地招待我們進入佛殿，待我禮佛之後，要我坐上住持的席位，讓我們團員僧俗四眾坐上喇嘛課誦的法座，並爲我們拿來桔子汁，一人一罐，又把特動活佛的金質舍利塔展示給我們看。我頗有幾分感懷，彷彿多年老友在異地重逢，心想他既是活佛，應該知道我意外的訪問。我合掌爲他祈禱。臨走時，我請我們的團長楊正居士代表大眾，對該寺做了較厚的供養。

一九、塔里寺

那位臺灣去的阿娥居士告訴我，她已學密十多年，並把她十九歲的兒子送到印度的拉達卡進喇嘛學校，專攻西藏佛教。由於她無法居留印度，所以住在尼泊爾的加德滿都，可以就近照顧。她很欣慰地告訴我，她兒子成績很好，不比西藏喇嘛差，而且常常受到老師們的獎勵，我因此祝福她兒子將來成爲一位有大成就的喇嘛。

接著阿娥居士帶領我們到同一派系的另一座喇嘛寺，叫塔里寺（Tali）。這座寺院的特色是有一尊巨大的金佛像，完成不久，是比照唐朝文成公主帶到西藏的那尊佛像的尺寸和模式打製而成的，據說花了相當於五百萬新臺幣的工程材料費。其結構跟漢地的佛像頗不相同，是把佛的全身分作幾個部分，寶冠和頭部懸在架子上，當然是空的，看來卻很完整。可是軀幹只有胸部，是瓔珞黃金製成而嵌滿寶石的瓔珞片，當作胸部，然後加上兩隻手，沒有腿，下面就是蓮花台的須彌座。從正面看，這是一尊佛像，若從側面和背面看，則不能構成完整佛像的形體。我在尼泊爾所看到的其他幾座喇嘛廟，也有類似形式的佛像，或許他們把立體的佛像和平面的畫像作同樣的看待和想像，其實並沒有不通和不好的地方。然而對我們這些看慣了完整佛像的人來說，比較難以接受，覺得那是一件藝術雕刻，不能代表神聖的佛像。但他們卻說，這尊佛像非常靈驗。佛龕也是用各種寶石鑲嵌而成，正面兩側分別嵌有一顆如意珠，據說每顆現值相當於新臺幣二十萬元。

前面所說的虔慶寺的大殿很簡樸，而塔里寺的大殿又是如此富麗堂皇，使我無法想像它們是屬於同一派系的不同寺院。但他們告訴我，因爲虔慶寺尚未完工，將來也會非常莊嚴的。這大概就是西藏佛教重視色彩莊嚴的特色吧！把現實世界中的佛殿布置成佛國淨土那樣華麗，而他們的信徒也都能省吃儉用，節約財力，毫不保留地奉獻給喇嘛的寺院。這樣既能從現實世界的物質生活減少貪得無厭的煩惱，又能把精神生活和信仰的目的提昇和美化，所以西藏民族的可貴之處，從喇嘛教的普及可見一斑。

當我要求阿娥居士再帶領我們去看其他的喇嘛寺院，她很快回我一句：「沒有啦！」我說：「還有其他各派的寺院呢！」她回說：「這兩座寺院是最好的。」我心照不宣，不再說什麼就離開了。我不知道喇嘛教的各派之間有沒有嫌隙存在，但這位居士不希望把我們的這份善緣也分享給其他各派的喇嘛寺院。從這個心態來看，也許喇嘛教的派系之間沒有這種問題，只是信徒的分別心在作祟罷了。

二〇、意外事件

朝聖團的部分團員，有的是初次出國，有的沒有到過東南亞國家，所以聽說有騎大象的活動，都抱著非常好奇和新鮮的心理，跟著當地導遊，一嘗乘上大象背脊的滋味。據他們回來之後的報告知道，多半人覺得那是一種非常罪過的事，象雖然高大但都很老，當象奴駕馭牠們時，用鐵鈎又鈎又打，所以團員們乘在象背的鞍椅上，一方面覺得大象很可憐，另方面行走在崎嶇的森林小徑間，感覺有隨時從象背滾落的危險。因此美國隊的李祖鵠居士在象背上教他們念一種咒語，一方面保平安，一方面使得大象心平氣和，同時也有為大象祈禱的功能。我沒有問他念的是什麼咒，大概是從那位喇嘛那邊學來的吧！有的團員一邊持咒一邊哭泣，覺得不應該去騎象。

在他們騎過大象之後，聽說我們去喇嘛寺朝聖，所以隨後也去了虔慶寺，不幸的事件就在那裡發生。寺內有一頭散放的水牛，漫步在院中吃草，有一位團員謝太太認為聖地的牛一定是聖牛，所以有意無意地接近牠。萬想不到那頭水牛就對著這位六十多歲的老太太正面衝了過來，頓時把她的右腳踢傷，幸好有幾位小沙彌喇嘛及時把牛趕走，但已闖了不小的禍。事後，該寺的喇嘛說，那頭牛最近脾氣很壞，正準備把牠賣掉，而牛也知道要被賣掉，脾氣更暴躁。不過當我進去時，那條牛正在門旁，我一邊說：「這條牛很有福氣，很乖。」還用手摸了牠的背一下。可見冤有頭、債有主，各有對象。謝太太當時還可以忍痛由人攙扶走進佛殿，讓一位老喇嘛爲她持咒、用藥按摩，當時感覺舒服一點，認爲沒有事了，一跛一拐地上了車，回到旅館。那時還沒有人告訴我有意外發生，到就寢之前，有位居士無意中說了一句：「今天有人受傷，怎麼辦？」經我追問之下，才知道發生了這種事件。然而，不僅其他團員不希望我知道，就是那位謝太太也不希望讓我知道，只想咬緊牙關，硬著頭皮走完全程，不願失去這次朝聖的機會。

第二天下午，我追問昨天究竟是誰受了傷，才由與這位謝太太同房間的黃太太果慈居士把事實告訴我；而且她爲了照顧謝太太，一夜沒有得到充分的睡眠，又告訴我謝太太的右腳受傷之處，紅腫的程度愈來愈嚴重，疼痛的感覺也愈來愈強烈。當時我只有默默地祈禱觀世音菩薩，並且對她們說：「因爲師父的福德不夠，所以沒能保護你們的安全，非常抱歉，但願她能平安無事。」接著我到了她們的房間，發現情況確實不可忽視，據當地醫生判斷，如果即時治療，需要兩到三個月的時間才能復原，如果繼續惡化，情況就很難說。我只好勸慰謝太太說：

「這頭牛已經等了妳很久了，要還的債一定要還，因爲妳發心朝聖，所以還算好，沒有要妳的命，只是受了傷。妳不要難過，應該多念佛號，保佑妳早日痊癒。」同時我勸她：「今天晚上就買機票，由導遊人員陪同，折回臺灣，否則以下十多天的行程，不僅延誤治療的時機，也會拖累了全團大眾，總不能叫師父和團員們每天來扶妳、背妳！我們全團會爲妳祈禱祝福。」謝太太聽了我的開示之後，非常感動，但也很平靜，一口答應：「聽師父的指示，我願意先回臺灣。」

對這種事，我感到很遺憾。八十位團員，出來兩天就少了一位；而且使她失去這次朝聖的因緣，以後機會大概不會太多。我便祈願，願諸佛菩薩憐憫我們的愚癡，護法龍天護持我們全體平安，完成朝聖的全程。

二一、好大的三顆舍利

十月十九日上下午都去參訪了喇嘛寺，回到旅館時已經很累，正準備到餐廳吃晚飯，我的侍者來敲房門，說是有兩位喇嘛求見。我到旅館大廳，發現是虔慶寺的丹確和在車窗外送舍利的正巴，還帶著一位會說漢語的西藏居士。他們前來回拜以表示對我的感謝，丹確喇嘛送我一尊八寸高的釋迦佛銅像，非常精緻，正巴喇嘛送我一幅一尺多長、八寸寬的刺繡佛像，表示對我的恭敬供養。我們坐下之後，請教正巴喇嘛舍利的來源和他個人的背景。他說他原籍四川，會說一口標準的四川話，但他是藏族，是喇嘛教家庭出身，出家才六年，到尼泊爾不過三年。所擁有的舍利是在四川家鄉他出家的一座寺院發現的，帶到尼泊爾之後每天虔誠禮拜供養，所以日益增加，用來廣結佛緣。我看他的前額有因五體投地的大禮拜而形成一個黑色堅硬的隆起，虔誠求感應的程度不言可喻。他又告訴我，從西藏、青海、四川逃亡到印度和尼泊爾的西藏人，不需要任何簽證，都能獲得尼泊爾及印度政府的收留，所以他們希望在當地繼續弘揚佛教。有一些到過尼泊爾的臺灣佛教徒，曾跟他結緣，所以蕭居士到了尼泊爾就要找他，而他對臺灣也很

▲丹確喇嘛贈送銅佛像。

▲正巴喇嘛贈送刺繡佛像。

嚮往。當天湊巧有人在街上看到我們這個朝聖團，出現在他的寺廟附近，他就找到我們的停車位，等待與我們結緣。

幾分鐘之後我們邀同他們三位一起進晚餐，那樣豐盛的食物、甜美的水果，使他們感到非常欣喜。臨走之時，他要到蕭居士的房間談話，在走廊上又遇到了我，我再給他一些供養，他立即從手提袋裡取出三顆特大的舍利，每顆直徑縱零點八公分、橫零點六公分。他第一次給我的十顆舍利，大的也只有零點一五公分，這是我有生以來所見，除了金剛舍利之外，最大的舍利（不過當我於第二〔一九九〇〕年元月回到臺灣，經研究舍利的專家曾一士居士鑑定後告訴我，我們請得的那批舍利，是西藏一座聖山——是岡底斯山脈的一座山頭，相當雄偉，被信爲勝樂金剛的道場，稱爲崗仁波切山的石子，雖被視爲聖物畢竟不是佛舍利）。當時正巴喇嘛又給了我大約兩錢的甘露，甘露也是我平生初見，過去只知道梵文裡的甘露叫 Amṛta，藏文 བདུད་རྩི（音de、）是諸天常用的飲料，又叫不死的靈藥，或叫「不老不死的神藥」。

甘露原來見於印度神話，後來印度的一些醫方中可能也有甘露這種配方，所以西藏也產生一種叫作甘露的配方製藥。西藏的醫藥跟中國的漢方以及西洋的現代醫藥比較起來，是另一個系統，也只有西藏才有所謂甘露的成藥。據說是採用千種以上藥材，經過喇嘛修一種特定的法門及炮製過程，始能完成。正巴喇嘛給我的甘露有兩種：一種類似香港李眾勝堂的保濟丸的形狀，是紅色的藥丸；另外一種是大小不等，形狀不一，是黑褐色的顆粒。相信這兩種是同樣的東西，可能製造過程和加工程度不一，功效則同。可是我不敢相信那是萬靈的妙藥，更不敢相信那是不死之藥；但它有若干程度的治療作用，應該沒有疑問。

我把舍利和甘露送回寢室之後，再度出來，準備出席晚上的會議。在走廊上正好迎面見到紐約隊的四位沒有及時拿到簽證的女團員，她們一見到我，立刻歡喜激動地要流下眼淚，就地拜倒。我也感到非常歡喜，她們終於也來了。雖然在尼泊爾的三天，她們是損失了，可是眞正的印度朝聖要到明天才開始，所以安慰了她們幾句，讓她們先去休息。

二二、召開護法會幹部會議

十九日晚上七點三十分，借前後住了兩晚的蘇提奧白洛旅館地下室會議廳，召集了中華佛學研究所護法理事會的二十六位幹部居士，做了九十分鐘的開示。因爲這是整個行程中比較空閒的一個晚上，印度朝聖結束之後，我就要隨美國隊回到紐約，在行程中再也沒有機會跟臺灣隊的護法會幹部們懇談。

當天晚上我對於法鼓山的未來、發動勸募的觀念、勸募人員應有的認識、心態，以及工作的原則和方法，作了詳細的指導。同時告訴他們不要以爲這是爲了護持聖嚴師父，而是護持全體的三寶，不僅是爲了法鼓山的未來，更是爲了中國乃至世界佛教的遠景。弘揚佛法、培養人才、續佛慧命、改善人心、淨化人間社會，是我們共同的理念和方針。勸募不是要人光是出錢而得不到現實的利益，乃是藉勸募的因緣把佛法傳播給所接觸的人，使他們接受佛法、護持三寶。並且交代護法會教育組回國後把我近年來幾篇有關佛教教育以及佛學研究所的文章和錄音帶交給大家，作爲參考的資料，讓大家知道這是一份艱鉅而很有意義的大事。每一位參與的人員，都是推動佛陀法輪向前邁進的功臣，我聖嚴只是其中一個人而已，要靠大家群策群力，才能完成振興佛法的大業。

每一位幹部都有「我不入地獄，誰入地獄」的信心和願心，會後告訴我：「請師父放心，我們會盡全力做好師父所開示的護法工作。」這使我感到臺灣的佛教信徒，實在是有大福德的人，有他們在，佛法一定會興。相信還有更多更多的人，都會抱持跟他們同樣的信心和願心。正如日間那位喇嘛寺的阿娥居士告訴我的：「在尼泊爾的大喇嘛們都說，臺灣的佛教信徒都能對三寶虔誠恭敬、全心供養，相信臺灣民眾一定還會有更大的福報，你們的前途一定光明遠大。」所以我也感到非常的欣慰和歡喜；有他們的承諾，幾乎使我感動得掉下淚來。

二三、進入印度之前

在尼泊爾的三天，多半是到佛教的道場，見到了印度文化和印度宗教，同時也到了好幾個尼泊爾本地以及從西藏新到的喇嘛所蓋的寺院，所以感覺已經在佛國朝聖。我們每到一個寺院，都很慷慨地布施供養，見到任何人和物，乃至於畜牲，都覺得是佛國的依正莊嚴。尤其尼泊爾的印度教徒將牛視爲聖物，任牠們滿街閒逛，與人爲伍，所以發生了團員被狂牛撞傷的事件。由於如此，在十月二十日的早餐時間，我對大眾做了簡短的開示，說明印度朝聖的旅程雖已開始，但朝聖的目的地尚未到達，所以這三天以來的所見所聞，只是尼泊爾的文化，而不是印度的佛教聖地。

至於我們對西藏喇嘛寺院的拜訪和供養，是因爲他們也是佛教。我們對佛教的護持供養應該不分宗派、沒有國界，只要是佛法，都應該護持，只要是佛教的寺院，我們都要供養。何況西藏從唐朝開始，一直屬於中國的版圖，中華民族自稱五族共和，西藏民族就是五族之一，他是我們的同胞，也是我們的同袍。尤其臺灣孤懸於中國大陸的海外，與中國大陸尚未統一，而西藏的同胞之中，有數十萬乃至上百萬從西藏逃出，避居於國外各地。我們可說同是天涯淪落人，在海外漂泊。雖然西藏同胞對於漢民族的文化，特別是對國籍的歸屬問題，始終有些人士持有異議，但對我們而言，見到藏胞，特別是西藏的佛教徒，好像看到了自己的親人一樣。所以我們中華佛學研究所，把藏文看得很重要，並且計畫把藏文的聖典陸續譯成漢文。在我看來，藏文也應是中文的一支，西藏的佛教也應是中國佛教的一系。

同時我又對大眾說明和開導，印度是一個宗教氣氛特別濃厚的國家，神話是他們宗教的源頭，也是他們生活的依據，處處都可看到迷信的色彩。其實佛教是重視智慧和慈悲的宗教，在發揮慈悲精神的同時，也需要以智慧的正見作指導。到了印度，不要被當地的信仰所影響，同時也要尊重當地的風俗習慣和宗教信仰，不要以盲從的心態去接受，也不要以輕視的言行來嘲笑。

二四、選購佛書

在尼泊爾的三天之中，我有好幾次沒有參加團體活動，比如十月十八日晚上多數團員去觀賞尼泊爾的民族舞蹈，十九日下午去騎大象，二十日凌晨三點半去克帝坡（Kirtipur）看喜瑪拉雅山日出等。其實克帝坡只比加德滿都市區高一百公尺，是喜瑪拉雅山脈中的一個小丘，團員們還是非常興奮，認爲已經到了喜瑪拉雅山。二十日上午他們去看猴神廟，所謂猴神是印度的一部文學作品，叫*Rāmā-yana*，中文譯爲《羅摩所行傳》。由於我在出發前，中華佛學研究所的幾位老師都希望我在尼泊爾能買到藏文和譯成英文的西藏聖典系列，並且給了我書店的名稱，盼我能在加德滿都找到。於是我和果元師、王明怡、盧惠英、奧斯華（Oswald Pierre）和李枝河，由當地導遊帶著去旅社附近的一家叫Ashoka的書店找書。當時書店老闆一口答說全部都有，只是要三小時之後才能取貨。我們趁這個空檔又到城中區的書店選購了幾本學術性的英文佛書。花了一整個上午的時間，結果第一家書店只代我們買到藏文的部分，英文的一冊也沒有。書店告訴我們，那些書都尚未出版；不論是眞是假，我們都無可奈何，再也沒有時間去其他書店購買了。

像尼泊爾這樣的地方，想買到自己想要的東西，還眞不容易。當時尼泊爾及印度的溫度還相當於臺灣的夏秋之間，我沒有帶夠夏天穿的內衣褲，我的侍者李枝河和文化館的住持鑑心師在街上找了幾個小時。因爲當地人很少用這些東西，只買到幾件兒童穿的汗衫及短褲。他們說反正我很瘦，大概勉強可穿。畢竟我不是七、八歲大的兒童，後來帶到印度，正好沿路送給乞丐，眞是好玩。

二五、印度的第一站

十月二十日下午，準備離開加德滿都的蘇提奧白洛旅館，在前庭的大迴廊裡坐著等車。這時才發現上面懸有巨幅的紅布，寫著歡迎我們的英文字；在此已經住了兩天，竟然沒有發現。我們先後受到兩家尼泊爾旅社同等的禮遇，大家感到非常高興。特別是這家旅社，是由歐洲人主持的，全世界有幾十處連鎖店，規模非常大，設備也相當講究，比起歐美和亞洲各大城市的旅社，毫不遜色。尤其是每餐的飲食，都是法國式，菜色好，味道好，清淡不油膩，非常適合我們的口味。因此團員們都說：「誰說朝聖辛苦？一路上有這麼好的旅館，吃的、住的都比臺灣還好。」事先準備的乾糧、食物倒成了多餘的顧慮。

下午一點三十分離開旅社到達機場，乘上三點三十分飛往印度的印航班機，飛出加德滿都盆地群山起伏的地帶，抵達印度中部的巴特那（Patna）機場，費時正好一個鐘頭。這個地方據說是通向尼泊爾的國際機場，其實只是個小型的國內機場。在移民局和海關的證照查驗及行李檢查，竟然耗費三個小時，而且一再受到留難，把護照查了一次，發回來又再收進去查一次。我們還看到行李檢查台的海關人員，對一位入境旅客的一件行李箱花了一個半小時去檢查，若照這樣的速度進行下去，我們到第二天上午也走不了。大使旅行社的總經理，也就是我們的總領隊陳麗鋒先生知道是怎麼一回事了，所以先送香菸，還是不夠，指名要酒，可是我們是朝聖團，沒有人會帶酒，因此送他們鋼筆，還是不行，結果連手電筒及手頭用的東西全給了他們，再加上若干盧比，終於打發過去。通關免查，一律放行。可是當我們走出機場海關時，已經快晚上八點了，印度方面的旅行社人員，已在海關外面等了我們三小時。

裝載好行李之後，巴士直駛市區的孔雀王朝巴特那旅館（**Maurya-Patna Hotel**）。巴特那是玄奘三藏在《大唐西域記》中所記載的華氏城，在佛經中譯為波吒釐子城，梵文原名是**Pāṭaliputra**，又叫**Putra**。它是古中印度摩揭陀國新建的國都所在地，也是釋尊時代阿闍世王從王舍城遷都於此而建的新都。在《大智度論》卷三提到佛涅槃後，阿闍世王由於人民轉少之故，捨王舍大城而於其邊更築一小城，名為波羅利弗多羅，即指此城。又根據玄奘三藏《大唐西域記》卷八的記載，此城位於恆河南邊，人民多半尊敬佛法，有佛教寺院五十餘所，僧侶一萬多人，而且都學習大乘的教法。它是孔雀王朝鼎盛時代，亦即阿育王的建都之地，所以印度曾有一段時間以摩揭陀語為流行的國語。直至今日，摩揭陀語仍是活的語言，而且被視爲神聖之語，許多佛教的原典，據說是由摩揭陀語轉寫成梵文的。可是我們到達華氏城，既見不到玄奘三藏所見的五十多所寺院和一萬多個比丘僧，當然更見不到阿育王時代的盛況。目前的巴特那還是印度中部的一個主要城市，也是交通中心，我們在這個旅館也受到相當好的招待。

二六、步步生蓮

十月二十一日早餐後，由四位印度當地導遊帶領我們四輛巴士從華氏城出發。因爲當天行程很長，要走九十公里才能到達那爛陀，所以起得很早。出發之時晨色朦朧，街上路邊到處都是還在沉睡中的人。那些印度人，由於室內空間小，而夜間室外空氣沁涼，所以家家戶戶都在門口擺著繩床和木板床，白天作爲休息的地方，晚上則作爲睡覺所在，只要一條被單，把全身一裹，就可以享受整夜的美夢。這使我想到佛經所說，當時的比丘們「樹下宿」的生活方式是夠自在的。因爲在印度，凡是路邊和住屋前面，都會種幾棵闊葉樹，睡在露天實比室內舒適。不過他們好像不怕蚊子，也許已經習慣了，不當一回事。

沿途道路兩旁，凡有水溝、水田、水塘之處，都會見到白色的蓮花，好像不是人工培植的，而是自然野生。佛國淨土步步生蓮的境界，在這時候可以略爲領會。印度以蓮花爲其國花，而且他們所有的雕刻建築都會用蓮花和蓮瓣作爲裝飾，用以象徵清淨無瑕、無染的民族精神。佛教如此，印度教如此，甚至從北方入侵印度的回教王朝，也採用蓮花和蓮瓣，作爲建築物的造型和裝飾。當時我還

▲從科拉坡往藍毘尼的路旁，水中處處有白蓮花。

以爲印度遍處都是蓮花，但是往後幾天的行程中，再也沒見到類似的風光。直到十月二十六日從巴蘭布（Balrampur）到舍衛城的路上，才又見到處處蓮花。不知道還有多少地方是如此，因爲我們的旅程有限，無法得悉。但當我們見到滿眼蓮花時，心中非常高興，同車的人都學會了一句「步步生蓮」的成語。

印度的公路情況非常落後，他們的省道實際僅容兩輛車對駛，最好的國道也不比省道好多少。而且剛剛經過雨季的沖刷，雖然有部分已經修復，但仍有不少地方坑坑窪窪，所以車子行速不會太快；如果前邊也有一輛車，跟在後面的一輛，就會蒙在塵煙中。我的氣管一向很弱，只好戴上口罩。

九十公里的路程開了將近三小時，中途休息了兩次，所選擇的都是兩邊有樹林而路面比較寬闊的地方，目的是讓大家可以方便。當我們走進路旁樹林，只見遍地黃金，異味撲鼻，但團員們在現實環境條件的限制下，不得不接受這個事實；因爲在樹林中方便，還是要比在車上的臨時廁所舒暢安全得多。

二七、那爛陀大學

那爛陀的梵文是Nālandā，在中印度王舍城的北方七英里處，它是西元第五世紀初由笈多王朝的帝日王（Śakrāditya）爲北印度的僧曷羅社槃社（Rājavaṃśa）所創建的，爾後歷代君王屢次增建，不久便成印度佛教史上最繁榮的大寺院。玄奘三藏《大唐西域記》卷九「摩揭陀國」的條下說：那爛陀的意思是施無厭，因爲傳說此寺南面有一個池塘，池中有龍，名那爛陀，由此得名。這個地方在佛陀時代叫菴摩羅園，有五百個商人以十億金錢買來供養佛陀。佛在此說法三個月，那些商人也證聖果。佛涅槃後，帝日王建寺於此。在《宋高僧傳》卷三「唐寂默傳」記載說：中天竺的摩揭陀國那爛陀寺周圍四十八里，有九寺一門，是九位天王所造。義淨三藏（西元六三五—七一三年）《大唐西域求法高僧傳》卷上的「慧輪傳」中記載：

> 大覺寺東北行七驛許至那爛陀寺。乃是古王室利鑠羯羅昳底，為北天苾芻曷羅社槃所造。此寺初基纔餘方堵。其後代國王苗裔相承造製宏壯，則贍部洲中當今無以加也。軌模不可具述，但且略敘區寰耳。然其寺形畟方如域，四

面直簷長廊遍匝，皆是塼室。重疊三層，層高丈餘。橫梁板闐本無椽瓦，用塼平覆。寺背正直，隨意旋往，其房後壁即為外面也。壘塼峻峭高三四丈，上作人頭，高共人等。其僧房也面有九焉。一一房中可方丈許，後面通窗戶向簷矣。其門既高，唯安一扇，皆相瞻望不許安簾，出外平觀四面皆覩，互相檢察寧容片私。於一角頭作閣道還往，寺上四角各為塼堂，多聞大德而住於此。寺門西向，飛閣凌虛。雕刻奇形，妙盡工飾。其門乃與房相連。元不別作。但前出兩步，齊安四柱。其門雖非過大，實乃裝架彌堅。每至食時，重關返閉。既是聖教，意在防私。寺內之地方三十步許，皆以塼砌，小者或七步或五步耳。凡所覆屋脊上簷前房內之地，並用塼屑如桃棗大，和雜粘泥以杵平築。用疆石灰，雜以麻筋并油及麻滓爛皮之屬，浸漬多日，泥於塼地之上，覆以青草。經三數日，看其欲乾，重以滑石揩拭，拂赤土汁或丹朱之類，後以油塗，鮮澄若鏡。其堂殿階陛

悉皆如此。一作已後縱人踐蹋，動經一二十載曾不圮磔，不同石灰，水沾便脱。如斯等類乃有八寺。上皆平通，規矩相似。於寺東面西取房，或一或三，用安尊像。或可即於此面前出多少，別起臺觀為佛殿矣。

在《大唐西域記》卷九中又說到，除了最早的伽藍之外，南面、東面、北面及西面各有歷代君王增加的建築。五印度的僧人，萬里雲集，裡面有許多重重樓閣，並把各大寺院的周圍所建牆垣圍起，使整個環境成爲一體，只設一個大門。又說：在伽

▲那爛陀大學全景。

▲那爛陀大學內被回教徒破壞的佛像。

藍之西，有一大精舍，傳說是如來三月說法之處，精舍以前有一觀自在菩薩立像，而精舍的高度有三百餘尺，東面牆外有一佛的銅質立像，高八十餘尺。

從以上的資料可以知道，在玄奘、慧輪和義淨三位三藏法師的時代，那爛陀寺規模之大，建築之雄偉莊嚴和範圍之遼闊。所謂九寺一門、八十伽藍、周圍四十八里等，都是讓我們非常嚮往的盛況。它經過笈多王朝六位帝王的不斷經營而成爲印度佛教的重鎮。玄奘三藏西遊印度之時，正好是其第六位君主戒日王的時代。根據西藏的傳說，無著和世親菩薩都曾在那爛陀寺弘揚佛法，這在漢譯的資料中沒有記載。在漢文記載中所見，成爲那爛陀寺住持的大德高僧，先後有德慧、護法、護月、堅慧、光友、勝友、智月、戒賢、智光、月稱、達摩鞠多等諸大論師。玄奘三藏是我國知有此寺的第一人，並在此寺大振聲名。其次有義淨、道琳、玄照、道生、安道、智宏、道希、無行等人到此求學。來我國弘法的印度僧人之中，例如波羅頗迦羅密多羅、地婆訶羅、善無畏、金剛智、般剌若等，也都曾在此寺求學。

從西元第八世紀初開始，笈多王朝沒落，印度教逐漸復興。那爛陀寺也就衰落了下來。波羅王朝興起之後，曾對那爛陀寺作了若干的保護，如今所見的該寺廢墟，大概是曾被保護的遺址。其他的可能早已被印度教及回教的王朝所毀滅。不過到了我國宋太宗淳化二年（西元九九一年），還有那爛陀寺的學僧補陀吃多帶著佛的舍利和梵文經典來到中國。元朝晉宗泰定初年（西元一三二四年），還有從該寺的僧侶律賢出家的提納薄陀到中國。可見那爛陀寺直到西元十四世紀前半葉還未完全消失。它的全部毀滅應該是在回教王朝全面統治印度之後。

根據一般學者們的推論，那爛陀寺的毀滅大約在波羅王朝末期之後。我們在那爛陀寺現在的遺址中，還看到若干佛像的雕刻，但面部多半已被回教軍隊打爛，只能從其坐姿、排列的位次和服飾來判斷它是什麼佛像、什麼菩薩像或什麼羅漢像。

那爛陀寺，當地稱爲那爛陀大學，我們到達之後，有幾位服務人員帶領我們進入大門，再登上主要建築物的基台中心，可以看到右後角的舍利弗紀念塔的遺跡，也可以看到四周大小僧房和講堂的基腳，都是由大塊的紅磚砌成，顏色非常古樸，排列極其整齊，配置也很緊密，東西南北雖然設有許多高低大小不同的建築物基礎，但是彼此連接，頗有一氣呵成之勢。由此不難想像，當年曾有上千的教授和上萬的學生在此分作瑜伽、中觀、眞言密教等各派的研究學習，弘揚大乘佛法，它應該是佛教史上最早的綜合性的大學。到目前爲止，還沒有一個佛教的學府能超過這樣的規模，可惜印度當代的那爛陀大學，設立在另一個地方，此地的舊址僅供朝聖者憑弔。

印度的導遊人員一次又一次地向我們介紹玄奘三藏曾在此地留學、講學，並且名留千古，印度人永遠懷念他，可惜我們

▲那爛陀大學內舍利弗紀念塔。

已不知道那個是玄奘三藏曾經住過的房間。倒是他們確定舍利弗的紀念塔是眞的，所以我們登上了紀念塔的遺址頂端，那該是那爛陀寺最高的一處遺跡，據說舍利弗尊者出生於此，也涅槃於此，所以也埋骨於此。我們不知道這裡是不是舍利弗的舍利保存之處，但是既然舍利弗是智慧第一，而那爛陀寺更是傳播佛陀智慧的最高學府，爲了感恩佛陀的智慧，也應該對舍利弗的遺跡，致無上的敬意。所以從看守該寺的工作人員手上買了幾朵紙做的黃花，在塔上奉獻，並率領幾位團員頂禮三拜。

中國的佛教徒無一不知《阿彌陀經》，而《阿彌陀經》中的主要說法對象就是舍利弗尊者，所以到了塔上感到非常親切。我在塔上向四周瞭望，那爛陀寺的景觀一覽無遺，導遊人員又告訴我，目前發現到的遺跡，僅僅是古典記載中的十分之一，其他的十分之九究竟在那裡，迄今尚未發現，也許埋在附近的地下，等待考古學家們繼續努力發掘，或者早已被後來的各個外道王朝全部拆除了。

遺跡的發掘對於古代文化的存續和保留是有用的，讓後人瞻仰古聖先賢所留下的遺跡，也很富於教育意義，但是對於佛教的實質而言，如何能夠中興那爛陀的昔日舊貌，和推廣那爛陀大學對於佛法弘揚的功績，那才是更重要的事，可惜這次因爲時間太少，未能去訪問現代化的那爛陀大學。

我們在寺內拍了不少照片，雖然各處聖地都不准錄影，只准拍照，但只要給錢就會讓你如願以償。聖地的遊客看來很少，而印度政府也不會撥出太多預算來維護，所以管理人員都

▲那爛陀大學之僧房遺跡。

希望從旅客身上得到一些額外的收入，感覺上相當討厭。他們幾乎每一個都會伸手要錢，但是仔細觀察之後，實在值得同情。所以導遊人員也說，從一些小地方看雖然會對現在的印度人產生不好的印象，但是就他們的古文化遺跡而言，印度還是值得我們去巡禮訪問。

二八、中國廟和日本旅館

從那爛陀寺出來，準備到王舍城午餐，在途中無意間發現路旁有一座寺院，入口的門額上寫著「中華佛寺」四個漢字，我立即招呼停車，這是我們預定行程之外的一個點。我心想既是「中華佛寺」，一定有中國人在裡邊，但是它的大門是用鐵柵欄深鎖，在門外向內呼喚也沒有人應門。同行的兩位居士雙手齊下，就把鎖拉開了，似乎是虛設的，不是眞正鎖上。我們如入無人之境，寺內庭院佔不到半英畝，但是樹木花草整理得乾乾淨淨，顯出一片幽靜的氣氛，佛堂是三小間西式的平頂小洋房，用水泥、磚塊砌成，材料簡單，但也很乾淨，當我已在拜佛時，發現一位南傳的比丘出現在佛堂。我問他：「會說中國話嗎？」他搖搖頭。再用英語問他：「你是中國人嗎？」他才告訴我，他是緬甸比丘，當年來印度朝聖見此寺無人，所以留了下來。我再問他：「這個廟原來是誰建的？爲什麼叫中華佛寺？」他說：「我也不清楚，來時沒有人告訴我，不過這地方有幾個中國字，你們自己去看。」

首先見到在佛龕前壁的青石上，刻有「廣東開平，梁翁迎祥，捐資敬造，圓

▲那爛陀寺旁中華佛寺內的佛堂。

成敬書」，另外又在佛龕右側見到一罈骨灰以及一張照片，由此很明顯地知道那是福金喇嘛開創的寺院，成立於一九四二年，叫那爛陀中華佛寺，他在一九七五年圓寂，世壽一百零二歲，本籍青海，一八九八年到西藏學法，輾轉到了印度。他雖是喇嘛，卻是漢人血統，所以到印度後，沒有建藏式的寺院而起漢式的寺院，不用藏文做寺院的名稱而以漢字立名，他所接引的人士也多半是漢人。先師東初老人於一九六七年訪問印度，也曾由悟謙法師陪同訪問了那爛陀寺附近的福金喇嘛，並從福金喇嘛的手上請到三顆佛陀舍利，如今還供奉在臺北北投的中華佛教文化館。因他對先師曾有接待之緣，使我頗覺親切，也有一些哀傷。東初老人圓寂已十二年，福金喇嘛則已圓寂十四年。這位漢族而被稱爲喇嘛的福金長老，圓寂之後，所建立於佛國的寺院，竟然後繼無人，淪爲空廟，任由過往的旅客作爲歇腳之處，幸好後來由緬甸比丘照顧，否則今日我們所見的，可能是蔓草叢生，屋漏牆傾，甚至於聖像倒地的景況了。我不禁對這位緬僧產生感謝和尊敬之心，把我們隨身攜帶的食物供養了他，並且送他一大綑從尼泊爾購買的西藏線香，同時心中默禱，若有中國僧人再來照顧這座中華佛寺，那就更好了。

由於我們必須趕時間到達午餐地點，所以又匆匆地上了車。中午在王舍城一

▲中華佛寺創建人福金喇嘛骨灰罈及遺像。

家由日本佛教團體經營的旅館餐廳用餐。古代的王舍城遺跡究竟何在，現代學者各有異說，這一家日本人經營的飯店叫「王舍城法華飯店」，建於群山之麓，山巔也有幾座日本佛教徒所建的紀念塔，我一進門就感覺這座飯店的形式設計，靈感是來自那爛陀寺的遺跡，不過它是一座紅磚的西式建築。餐廳的擺設和桌椅的形式也都使人從中感受到靈鷲山、王舍城、那爛陀等印度佛教文化的氣息。我們在那邊享用了一頓非常衛生、清淡而可口的日本風味素餐。由於朝禮佛教聖地的佛教徒不會太多，所以這家旅館餐廳的經營與維持非常艱苦，但他們是有備而來的，目的不在賺錢，而是把日本佛教和日本的勢力送到印度，這對我們中國佛教徒來說，只有感到慚愧和佩服。

二九、迦蘭陀竹園

從王舍城法華旅館登車行十五分鐘，到達迦蘭陀竹園（Kalandaka），通常又稱爲竹林精舍。它在摩揭陀國王舍城的北方，因爲當年迦蘭陀長者把他的竹園奉施釋迦佛陀，所以稱爲迦蘭陀竹園。它是王舍城外不遠之處的一個園林，頻婆沙羅王曾經一再到此竹園做大布施，供養十方僧眾。《高僧法顯傳》所描寫的竹林精舍說，從舊王舍城出，向北行三百餘步，就是迦蘭陀竹園精舍。另外在《大唐西域記》卷九記載：「山城北門行一里餘，至迦蘭陀竹園，今有精舍，石基甎室，東闢其戶，如來在世多居此中，說法開化，導凡拯俗。」

竹林精舍在佛教史上是值得大書特書的一個道場，釋尊於度化拜火外道的三位迦葉以及他們的弟子共一千人之後，就到了王舍城郊外的竹園，當時摩揭陀國的頻婆沙羅王聞悉釋尊已經成道，立刻趕到竹林，聽佛陀說法，大爲歡喜，即在此竹園之中，爲佛及僧建造了僧房，後來舍利弗和目犍連也各自率領了二百五十位弟子皈投到竹林精舍的佛陀座下，由此可知我們在佛經中常見的「千二百五十人俱，皆是大阿羅漢」的佛教僧團，就是在迦蘭陀竹園形成的。佛陀後來雖然常常離開王舍城到各國遊化，但還會時常回到竹林精舍，直到晚年，提婆達多反叛佛陀，阿闍世王篡了摩揭陀國王位，釋尊才離開王舍城的竹林精舍，而移住到舍衛城的祇園精舍，可見它是佛教史上第一座著名的大道場。

▲竹林精舍佛陀說法紀念堂。壁畫為頻婆沙羅王以水澆佛陀的手，以示敬意。

然而我們這次朝聖時，沒有見到佛陀時代的精舍建築以及精舍的遺跡，所看到的竹林精舍範圍不出二十英畝，除了一方水池及幾十叢翠竹、處處林木和池邊的新塑佛像之外，就是一間不出方丈大小的紀念室，正中的牆壁上繪著一幅佛陀爲頻婆沙羅王說法圖，已因

▶竹林精舍入口。

▲竹林精舍內，佛陀及諸羅漢弟子曾以此處為沐浴池。

潮濕而剝落，模糊不清，在壁畫之前供有一尊銅質的泰國式佛像，加上基座約半個人高，我在池邊為團員大眾介紹竹林精舍的歷史及其在佛陀化世時代的重要性。在經律之中所見到的此園是相當廣大，我們所到之處都應該是釋迦世尊及一千二百五十位大阿羅漢走過、坐過、站過的地方，每一寸泥土都值得我們恭敬禮拜、五體投地，在佛世曾有弟子為了恭敬佛陀而以髮布地請佛履髮而過，也有弟子凡是佛陀踩過的地面，不敢踐履其上，我們眞有福報，能夠親自到佛陀說法化眾以及諸大羅漢修行活動之處。但是我們頂多只能到紀念室中及紀念室前頂禮膜拜，其他有關佛世的任何遺跡都沒有見到。難怪近代有學者懷疑，今日所見的竹林精舍遺跡，不一定就是當年佛陀住過的迦蘭陀竹園所在。可是對我們而言，無論如何，就算不是眞的，我們也該是到了迦蘭陀竹園附近，已經是殊勝難得的因緣。

三〇、王舍城

在恆河兩岸，也就是在印度中部，很不容易看到山脈和山嶺，但在現今巴特那南方的Bihar，有一個山區，四周環山，中間是一個相當大的平原，四周群山似乎是天然的城牆。《大智度論》卷三中說，該地五山周匝圍繞如城，並說建有溫泉涼池，都很清淨。可知當時中印度最大的強國摩揭陀，選擇這個區域作為建都之地，的確是由於其地理形勢具有防守之利。

王舍城的舊名叫曷羅闍姞利呬（Rājagriha），現在稱為拉吉爾（Rājgir），根據玄奘三藏《大唐西域記》卷九所載，他訪問印度時，所見的王舍城外城已經毀壞，連痕跡都不見了。內城雖然已毀，但基址還很清楚地看到，其周圍方圓有二十餘里，正面有一個門。可見玄奘時代王舍城已經不見了。據說頻婆沙羅王時代，原有的王舍城內常常失火，城中居民不安，有大臣建議，以後凡是起火的禍首市民，便罰以遷往寒林——所謂寒林是棄屍之所。可是未久之間，王宮首先失火，因此頻婆沙羅王自己搬進了寒林，當其鄰國吠舍釐的國王得到消息，就乘機來襲，由於邊防告急，王乃在寒林建造城邑。因為國王先起舍於此，所以叫王舍城。另一個說法，王舍城是頻婆沙羅王的兒子阿闍世王（未生怨）所建，這是從《大唐西域記》所見，有關王舍城的傳說。

《大唐西域記》中所說，玄奘大師在王舍城附近見到許多名勝，例如杖林、二溫泉、伏醉象塔、阿濕婆恃比丘說法處、室利毱多火坑、時縛迦大醫法堂、畢鉢羅石室、提婆達多入定石室、自錫比丘塔、迦蘭陀竹園、佛舍利塔、阿難半身舍利塔、第一結集石室、迦蘭陀池、阿育王石柱等。

王舍城在阿育王時代已經施捨於婆羅門，成爲印度教的聖地，新的王城就是波吒釐子城，又叫華氏城。有關王舍城的情況，在《長阿含經》卷

▲王舍城的印度兒童。

三、卷二一和《阿闍世王經》、《十二遊行經》等都有比較詳細的記載。我們訪問的是靠近靈鷲山山麓，一塊方圓不足兩英畝大的地方，該地有用紅磚堆砌成方陣形的城牆基礎。其實是出於現代人的建築，而不是古蹟，因爲在那個位置，曾經挖掘出類似阿闍世王囚禁其父母頻婆沙羅王及王后韋提希夫人的地牢的遺跡，所以就判定那是王舍城舊王宮所在地。

根據《觀無量壽經》的敍述，當時摩揭陀國的太子阿闍世，因爲受到提婆達多的唆使：「你做新王，我爲新佛。」故將其父王頻婆沙羅囚之於內外七重的深宮之內，欲將其餓死，母后韋提希夫人以蜜和麵塗身，每天進入禁室送食，經過二十一天，被阿闍世王發現，也把母后關入深宮。韋提希夫人每天面向靈鷲山方向禮佛祈求。釋迦世尊即帶著目犍連和阿難，以神通力經天空進入王宮，出現在韋提希夫人之前，爲她說出阿彌陀佛淨土的修行法門。這就是《觀無量壽經》的緣起。我們這次爲朝聖而來，所以在王宮右前側，標示爲頻婆沙羅王幽禁處的一個土坑之前，全體團員穿海青，披袈裟，也效法韋提希夫人面向靈鷲山，俯伏頂禮三拜，以感謝釋迦世尊的說法之恩，也感謝韋提希夫人的求法之恩。

三一、靈鷲山

離開王舍城王宮的遺跡，上車行駛十分鐘，就到了靈鷲山腳下。因爲在阿育王時代，王舍城已施給婆羅門，西元十一世紀之後，又有回教徒入侵，在印度建立了回教王朝；所以靈鷲山既是佛教聖地，也是印度教聖地，當然也成了回教的聖地。根據佛經的記載，靈鷲山是環繞在王舍城周圍的五山之一，它的梵文名字是耆闍崛山（Gṛdhrakūṭa），位於王舍城的東北方，意爲鷲頭山。鷲在印度，是頭部灰白、羽毛稀少、好食人屍的一種鳥，通常棲息於棄屍的林野。關於此山的命名，根據《大智度論》卷三說：

耆闍名鷲，崛名頭，問曰：「何以名鷲頭山？」答曰：「是山頂似鷲，王舍城人見其似鷲，故共傳言鷲頭山。因名之為鷲頭山。復次王舍城南屍陀林中多諸死人，諸鷲常來噉之，還在山頭，時人遂名鷲頭山。是山於五山中最高大，多好林水，聖人住處。」

耆闍崛山又名靈鷲山，根據《法華經文句》卷一上說：

前佛今佛皆居此山，若佛滅後羅漢住，法滅支佛住，無支佛鬼神住，既是聖

▲王舍城遺跡，背景為靈鷲山，山頂的白塔是日本佛教團體所新建的多寶如來塔。

靈所居，總有三事，因呼為靈鷲山。

也就是說，靈鷲山是一切諸佛、羅漢、辟支佛及鬼神所居之處。根據《大唐西域記》卷九記載說，王舍城的城宮東北行走十四、五里，就到了鷲頭山，連接於此山之陽，孤峯突起。既是鷲鳥所棲之峯，又有高臺，類似鷲臺，空翠相映，濃淡色分。如來住世，垂五十年，都居此山，廣說妙法。玄奘當時所見此山的古蹟，有提婆達多投石害佛之處、佛陀及舍利弗等諸大聲聞入定的許多大小石室、阿難爲魔王擾亂之處，以及佛說《法華經》的紀念塔等。我們從諸大乘經典之中，也可發現佛陀說法之處多半在此山，例如《大品般若經》、《金光明最勝王經》、《無量壽經》等。從四《阿含經》以及南傳的《巴利文藏經》也可看到許多都是佛在鷲頭山所說。尤其中國的天台宗是以《法華經》爲根本教典，故對鷲頭山的感情最深。

據《法華經》的〈序品〉敍述，當時釋迦世尊在耆闍崛山宣說《法華經》的法會上，到有大比丘一萬二千人、菩薩摩訶薩八萬人、釋提桓因與其眷屬二萬天子、名月天子、普香天子、寶光天子、四大天王與其眷屬萬天子、自在天子、大自在天子與其眷屬三萬天子、娑婆世界主梵天王、尸棄大梵、光明大梵等與其眷屬一萬二千天子，還有天龍八部各與若干百千眷屬、阿闍世王與若干百千眷屬等。從《法華經》中如上的敍述，可以想像當時說法場面之偉大，雖然諸大菩薩及諸天鬼神不需佔有空間，但是一萬二千比丘及阿闍世王的百千眷屬都是有血有肉的人間身，應該要有座位和站立的空間位置。可是我們到靈鷲山時，所見的說法台面積很小，即使把前後的山坡地相加，也不能容納如許多人。當然，我們應當相信，這是以佛的神力說法，也以佛的神力容納如許多的廣大聽眾。

現在要把我所見到的靈鷲山介紹如下。我們在印度朝聖的全程之中，每天都很晴朗，特別是十月二十一日下午，太陽相當明麗，之所以不用「酷熱」來形容它，是因爲在我們整團朝聖者的心中，充滿了法喜的清涼之感。

到了靈鷲山的山麓，所見到的鷲頭山是在一座大山的東側下方，略爲突起的一個小丘。我起初還以爲鷲峯一定是在主山之巔，所以稍微有些失望。此外，聽說整個主山是其他宗教的聖地，雖有一座由日本佛教團體新建的多寶如來塔，聳立於山頭，有電動纜車接送遊客上下，已成爲觀光據點，但它不是我們要去的聖地。我從各種佛教聖典所得的有關鷲頭山的印象，應該是一座非常廣大而有遼闊平台的大山，怎麼會是主山之旁的一個支峯呢？不管怎樣，這是佛的聖地，還是振奮起精神，隨著當地導遊和一名背著自動步槍的警衛，逐步登上靈峯的山道。印度導遊走得快，警衛走得還要快，而我們大使旅行社的經理陳麗鋒先生看我也能緊緊跟著，了無倦容，所以走得更快。我是爲了早些登上鷲峯，一睹佛陀說法最多最久的聖地，所以忘了疲倦，也沒有想到口渴，加緊腳步趕上他們。他們看我跑得快，導遊跑得更快，一時忘了我們的團員裡還有幾位年逾七十的老居士，也有一位第一晚還在以點滴急救的女病患。但是到了標爲頻婆沙羅王上山見佛的下馬處，回頭一看，全團人員都快步緊跟在我後面。

我的侍者看我前一天晚上剛剃光的頭皮被太陽曬得汗涔涔，便好心替我戴上草帽，我告訴他說：「馬上要禮見佛陀，怎麼還敢戴帽子，連頻婆沙羅王到此都要下馬步行上去，我是何人哪？」雖然我在靈山光頭曬了兩個小時的太陽，並沒

▲靈鷲山頂的靈鷲石。

有因此暈倒，只是直到離開印度之時，頭上還覺得火辣辣的。這是我有生以來僅有的一次感覺，似乎眞正見到了佛還在靈山說法。因爲《法華經》卷五的〈如來壽量品〉中有如下記載：

我見諸眾生，沒在於苦惱，故不為現身，令其生渴仰。因其心戀慕，乃出為説法。神通力如是，於阿僧衹劫，常在靈鷲山，及餘諸住處。眾生見劫盡，大火所燒時，我此土安隱，天人常充滿，園林諸堂閣，種種寶莊嚴，寶樹多花菓，眾生所遊樂，諸天擊天鼓，常作眾伎樂，雨曼陀羅花，散佛及大眾。

從這段經偈可以使我們相信，佛的入滅是一個方便，而佛的永遠住世才是眞的，只要是有緣人，到了靈山，就是進入佛的淨土，而且不管世間情況如何，即使整個地球被大火所燒毀，釋迦如來的靈山淨土還是安穩不動的。而且天人充滿，園林堂閣，寶樹花果，種種莊嚴，永恆不變。所以當天台智者大師誦《法華經》至〈藥王菩薩本事品〉的「是眞精進，是名眞法供養如來」句，突然進入法華三昧，親見釋迦如來的靈山盛會儼然未散。我們若能精進，具大信心，親到靈山，當然能夠見到釋尊當年的靈山盛會了。

登山道路由水泥鋪成，僅容兩至三人並肩而行，沿路都是牛糞，路旁的矮樹叢中隨處可見散放的白牛。到了說法台前，還不見靈鷲何在，只是看到一個突起的山崗，襯著藍天晴空，彷佛散發著光明。此時距離釋迦世尊的時代已經兩千五百多年，靈氣依然存在。轉了一個彎，兜到說法台的背後，經過阿難入定的石洞，以及玄奘三藏建塔處，再沿著石級向上走十多步，導遊指著石級右上方的一塊突起的岩石，告訴我：「從這個角度看，鷲頭的形狀最爲逼眞。」

我原以爲整個岩石就是一個鷲頭，或者整個山峯就是一個鷲頭。仔細端詳之後，有塊巨石上面另有約三公尺長、不足一公尺高的一塊黑白相間的岩石，向左上方翹起一個尖突，好像是鷹喙。另外以人工補上一塊一公尺長的條石，擺在尖突之下，看來好像靈鷲張嘴。但是仔細再看，眞像是鷲頭。有眼、有鼻，還有耳毛，不管怎麼樣，這塊石頭並不重要，再往上走十多個石級的佛陀說法台，才是我們的目的地。說法台已經由印度政府用紅磚整修砌成四方形的牆基。從紅磚的顏色來看，大概有好幾十年的歷史。此台的大小約爲十八塊磚頭的長度與寬度。有一個入口，供朝聖者進入說法台的壇內禮拜。

當我們到達時，已有幾位管理員拿著香花等候。待我們穿上海青，披上袈裟，他們就把兩串白色而芳香的花環交給我，作爲供品。在我們到達以前，大概是西藏系的

▲靈鷲山頂佛陀說法台後下方的阿難尊者習定洞。

▲靈鷲山頂大衆在繞佛。

佛教徒來朝拜過了，所以在說法台的前面牆基上鋪著哈達和各種顏色的紙花，也有幾包西藏製的線香以及幾張印度的紙幣。我們首先禮佛三拜，恭誦《心經》三遍，然後我向朝聖團的團員介紹靈鷲山的來源和釋迦世尊在此說法化衆的情況。特別是佛在宣說《法華經》時，曾有一萬二千大比丘衆、八萬大菩薩，以及無量無數的諸天善神參加盛會，我們有幸能夠來到靈山，都是多生多劫的善根福德所積，雖然大家沒有親眼見到釋尊，但是到達釋尊說法之處，一定要相信佛所說法沒有妄語，佛在《法華經》中既然曾說「常在靈鷲山」又說「我此土安隱」，可見我們已經見到了佛陀，這是多大的福報。我們最後再三拜並右繞說法台之後，才依依不捨地走下山去。

我在佛陀說法台上向鷲頭山四周眺望，遠近的山坡和山下的平原之間，遍布翠綠的大小樹木，然而叢叢分明，就像是《法華經》中所說的八萬人天以及諸大菩薩的方便示現。我們這八十位團員，頓時似乎也成了其中的一小部分，這不是親臨靈山盛會，又是什麼呢？我當時的心情雖然非常嚴肅，但又極其輕靈，所以用隨身攜帶的相機，以連續鏡頭的方式，把周圍景物一一攝入。當我臨走之時，管理人員偷偷地從說法台基腳底下的小孔中，拿出一小塊磚片，再以很輕的聲音祕密地告訴我：「這是佛時候的磚頭，已經很古了，我只給你。」我第一個念頭是不想接受，因爲這是靈山的聖物，我怎敢破壞而取走？第二個念頭一想，他是騙我的，在十五年前，我在日本留學之時，有一位從印度朝聖回來的日本朋友，也曾送了我一塊類似的磚頭，說是往靈山朝聖時請回來的聖物。相信多年以來從這個牆腳的小洞裡擺進去取出來，送給朝聖者的磚片已經不知凡幾。爲了帶走一點靈氣，同時也對那些管理人員表示一點關懷的心意，明明知道是受騙，我還是心甘情願、歡歡喜喜地收下了磚片，同時也給了他一百盧比的紙幣。由於這個經驗，我走到說法台後下方路邊，見到亂石之時，也撿了幾塊，我相信那才是從佛陀時代就一直在那邊的靈山石。

三二、悟謙法師的大覺寺

我們從靈鷲山下來，坐上巴士，經過三小時的車程，到達佛陀伽耶（Buddhagaya）的阿育王連鎖旅館（The Ashoka Group Hotel）。一天的行程非常緊湊，此時已是晚上八點，我很想趕快洗澡，馬上上床睡覺。可是我正在等候旅館住宿登記和分配房間時，見到一位披著南傳黃色袈裟的老比丘，笑容可掬地從大門進入旅館大廳，仔細一看，那是遠從加爾各答乘了一天一夜的火車趕來迎接我們的悟謙法師。雖然有十多年不見，還是讓我認出來了。

此時我才記起在我離開臺北的前一天晚上，曾經留學印度的李志夫教授還特別向我報喜說，到了佛陀伽耶，那邊的悟謙法師會給我特別的歡迎。我眞感到罪過，勞動一位將近七十歲的華僧長老比丘從老遠的地方趕來，實在過意不去。這完全出於李教授的好意，他事先爲我通風報信，不希望我在印度無人招待而有所不便，這的確是事實。二十二年前，先師東初老人到印度朝聖，就是幸虧有悟謙法師的沿路照顧，全程陪同，才安全地在印度走了一趟。那次東初老人到印度去有兩個任務：第一個任務是爲了撰寫《中印佛教交通史》；第二是替悟謙法師在加爾各答興建的玄奘寺請得了蔣中正先生親筆寫的「玄奘寺」三個字的寺額，專程送達。不過今日印度的旅遊條件和食宿環境，已比當年要進步得多，何況我是隨著一個八十人的團體，還有一位跑了好多趟印度的導遊以及他的助手們帶路，在大家悉心照顧之下，不會有什麼問題。可是在國外，特別是在佛教的母國，見到中國的法師，還是喜出望外，倍感親切。

悟謙法師告訴我：「我們已經跟旅館經理說過，今晚由我們加爾各答玄奘寺及佛陀伽耶大覺寺的全體信眾爲貴團的法師及全體大德接風，表示歡迎。」我告訴他：「這萬萬使不得，因爲旅館的食宿費用是由旅行社統籌支付，如果接受悟謙法師的招待，那我們不是要向旅行社要求退款了嗎？這是不可能的事。」結果還是我們全團招待了悟謙法師及他們幾位居士代表。

我好像也忘掉了疲勞，當晚又帶著美國來的弟子果元師及王明怡居士，跟著悟謙法師摸黑走了一千多公尺，訪問了也是由他主持的中華大覺寺。我們師徒三人一進門，每人都被掛上一串芬芳的白色鮮花環。他們好像老早就準備好了我當晚要去拜訪一樣，幸好我是眞的去了，否則會使他們失望，那就罪過了。

第二天，在早餐之後去正覺大塔之前，我率領全體團員再度訪問大覺寺的悟謙法師。據他告訴我：大覺寺已有二十多年的歷史，是由旅英僑領譚雲山居士發起創建的。在譚居士過世之後，曾有一度被交給西藏的一位居士管理，後來把部分寺產轉交給悟謙法師，直到最近才把另外一棟新建的大殿移轉給悟謙法師接管。該寺大殿規模不算很小，大概可以同時容納二百至三百人。因爲此殿是新建，還沒有供奉大小適度的佛像，所以請我幫忙在臺灣訂塑。我爲了表示對悟謙法師的敬意和謝意，也爲了代表國內佛教界對於旅印華僑的關懷，所以一口答應，待我回到臺灣之後立即照著他所開的尺寸和要求辦理。雖然近年來我到處要錢到處花錢，而且入不敷出，處處虧空：紐約的道場貸款三十幾萬美元還沒有還；明年元月由中華佛學研究所召開的國際佛學會議，其四百萬新臺幣的預算尚無著落；中華佛學研究所的年度開支達新臺幣九百萬元；而法鼓山的土地承購和計畫中的開發，要超過新臺幣十億元；五年之內如果找不到那些經費，我大概會坐牢。但是蝨多不癢，債多不愁，欠的錢愈多愈不在乎，我還是大膽地答應下來。因爲不管是在美國、在印度、在臺灣，凡是佛教事業，都該一樣的護持。

三三、尼連禪河

從大覺寺出來經過正覺大塔左側，車行三、四分鐘即抵尼連禪河（Nairañjanā）。該河發源於本格（Bengal）州的哈札里巴（Hazaribagh）地方，向北流經佛陀伽耶之北，在華氏城東方與莫哈那（Mohanā）河合流，而後注入恆河。

根據記載說：在佛陀時代的尼連禪河，其水清冷湍洄皎潔，涯岸平正，林木扶疏，種種花果鮮榮，河邊的村邑處處豐饒，棟宇相接，人民殷盛。

再根據《過去現在因果經》卷三記載：釋尊出家後，曾在尼連禪河岸，靜坐思惟，修苦行六年而未得道，因此起座，入尼連禪河沐浴，由於身體羸瘠，浴後不能自出，當時有天神下來按以樹枝使之攀以出水，在河邊接受牧牛女難陀波羅的乳糜供養，然後到畢鉢羅樹下而成佛道。

又根據《大唐西域記》卷八「摩揭陀國」條，玄奘當時所見的尼連禪河西岸有伽耶城，城的西南五、六里處有伽耶山，向南二十里處有菩提樹，樹的南面有苦行林，在苦行林附近就是釋尊於河中沐浴及河邊受乳糜及麨蜜供養之處，同時也有教化三迦葉處的遺跡。這些地方都建有窣堵波。在河的東岸，距菩提樹之東北十四、五里處，就是前正覺山。至於法顯的《佛國記》所記也大致相同。

由以上可見當時尼連禪河的風光以及西岸附近的佛教遺跡相當多。然而我們所見到的尼連禪河，寬約半公里，沙丘點點，分割河道，條條穿梭，頗有全部淤塞之虞。不過在最寬的水域看來，還是一片明麗的風光。我們從河的北岸眺望南岸，苦行林隱約可見，而伽耶山也在河的東南岸遙遙相望。

我在河畔樹下和悟謙法師面河席地而坐，頗有身心舒泰

▲從尼連禪河佛陀受牧牛女供乳糜處，可遙望到對岸的苦行林。

之感。當時有一位弟子拿了一盒牛奶送上說：「師父，這裡是佛陀受供之處，我們應該供養。」我對他笑笑說：「釋尊受供之後就成佛，我喝了牛奶大概還是一樣，所以不敢在這裡模仿佛陀受供，要喝牛奶等一下再說。」

本來悟謙法師為我們準備了兩輛機器三輪車，以便載我們幾個年紀大的人涉水渡過尼連禪河到對岸的苦行林、毒龍洞等聖跡禮拜。可是由於時間不夠，而且車子也無法開過水深之處，所以取消計畫，唯有等待未來另一次的因緣。

其實釋尊當年所活動的範圍，不離摩揭陀國一帶，這附近理應遍布如來和諸阿羅漢的足跡，我們對每一寸泥土都該五體投地，可惜無法做到，只能做蜻蜓點水式的朝訪。

依我們現在所見的尼連禪河附近，雖然景色明媚，但是兩岸物產並不富饒，人民生活很苦，圍繞著我們的是衣衫襤褸的乞兒，年齡都在七、八歲到十來歲之間；故我默默祈禱佛經中所描述的富庶和繁華的景象，能夠早日復現。

三四、菩提樹

離開尼連禪河，回頭就到了佛陀伽耶大塔，中文譯作「正覺大塔」，梵文是Buddha Gaya Stūpa。那是由於釋尊接受了牧牛女的乳糜供養而恢復健康之後，走到一棵畢鉢羅樹下（Pippala），用吉祥草鋪成坐墊，結跏趺坐，並且發誓願，若不得菩提，則不起此座。到十二月初八早晨天尚未亮，釋尊見東方的明星顯現，即成了無上正遍知覺的佛陀，用梵語說就是證得了阿耨多羅三藐三菩提。因此稱那棵樹為菩提樹（Bodhi-druma），稱那座位為金剛座，稱那個地方為菩提場（Bodhi-manda）。佛滅度後，阿育王即位之初，因為信仰外道而砍伐菩提樹。可是它不斷發出新芽，阿育王才以悔悟之心在此樹周圍築了直徑一丈多的石垣，與金剛座同時成為受到嚴密保護的聖跡。另外在此樹東側建一小精舍；在附近佛陀苦行處、受乳糜處、走向菩提樹處以及菩提樹旁各建立窣堵波作為紀念；那是西元前三世紀的事。西元前一世紀，又有婆羅門兄弟二人，受天神之命，發大信心，在菩提樹之東增建阿育王精舍，並造佛陀成道之像安置其中。到西元第四世紀，有錫蘭王給中印度國王獻上貢物，並得印度王之許可，在菩提樹北側建造摩訶菩提僧伽

▲在正覺大塔背後的金剛座旁瞻仰菩提樹（左為悟謙法師、中為作者、右為果元法師）。

藍（Mahābodhi-Saṃghārāma），譯成大菩提寺或大覺寺。

西元第五世紀初，法顯三藏等人到印度巡禮時，還看到佛陀苦行六年之處及成道之處的佛塔佛像，並且說佛成道處有三個僧伽藍，所住僧眾持律嚴峻。

到了西元第六世紀中葉，唯識宗的十大論師之一護法，從那爛陀寺退休之後，也隱棲於這座大菩提寺，撰寫《唯識三十頌》的釋文等重要著作。

到了西元第七世紀初，有一位國王瞋惡佛法，破壞僧寺，砍伐菩提樹，焚燒樹根，並毀滅一切佛教的道場與法物的遺跡。數月之後，阿育王的後裔滿冑王復位，爲了防止後人濫伐此樹，加築了兩丈四尺高的石垣，作爲保護。玄奘三藏《大唐西域記》卷八對於菩提樹的記載如下：

金剛座上菩提樹者，即畢鉢羅之樹也。昔佛在世高數百尺，屢經殘伐，猶高四五丈，佛坐其下成等正覺，因而謂之菩提樹焉。莖幹黃白枝葉青翠，冬夏不凋光鮮無變。每至如來涅槃之日，葉皆凋落，頃之復故。是日也，諸國君王異方法俗，數千萬眾不召而集，香水香乳以溉以洗。於是奏音樂列香花，燈炬繼日，競修供養。如來寂滅之後，無憂王之初嗣位也，信受邪道毀佛遺跡，興發兵徒躬臨剪伐，根莖枝葉分寸斬截，次西數十步而積聚焉。令事火婆羅門燒以祠天。煙焰未靜忽生兩樹，猛火之中茂葉含翠，因而謂之灰菩提樹。無憂王覩異悔過，以香乳溉餘根。洎乎將旦樹生如本。王見靈怪重深欣慶，躬修供養樂以忘歸。王妃素信外道，密遣使人夜分之後，重伐其樹，無憂王旦將禮敬，唯見蘖株深增悲慨。至誠祈請香乳溉灌。不日還生，王深敬異，壘石周垣，其高十餘尺，今猶見在。近設賞迦王者信受外道，毀嫉佛法壞僧伽藍，伐菩提樹，掘至泉水不盡根柢，乃縱火焚燒，以甘蔗汁沃之，欲其燋爛，絕滅遺萌。數月後摩揭陀國補剌拏伐摩王，無憂王之末孫也，聞而歎曰，慧日已隱，唯餘佛樹，今復摧殘，生靈何覩，舉身投地，哀感動物，以數千牛搆乳而溉，經夜樹生，其高丈餘，恐後剪伐，周峙石垣，高二丈四尺，故今菩提樹隱於石壁出一丈餘。

從上所引的菩提樹的滄桑史可知，此樹是靈異非常的聖物，雖遭累次砍伐和焚燒，菩提樹的枝葉還超過石壁一丈多高。我們現在所見到的菩提樹是它的第四代，乃由斯里蘭卡移植回來。

三五、正覺道場

從《大唐西域記》卷八所見，菩提樹的東面有精舍，高一百六、七十尺，下基面積廣度二十餘步，用青磚建造，塗以石灰，每層龕中皆有金像。門外左右各有龕室，左爲觀自在菩薩，右爲慈氏菩薩，兩座像皆由白銀鑄成，高十餘尺。菩提樹北有佛經行處，後人於此壘磚爲基，高三尺多。此基之北，大精舍中有佛像，舉目上望，乃如來於此七日觀菩提樹，目不暫捨，爲報樹恩，所以瞻望。菩提樹西不遠之處的大精舍中有鍮石佛像，是如來初成正覺，梵王起七寶堂，帝釋建七寶座，佛於其上七日思惟。菩提樹南不遠處有窣堵波，高百餘尺，乃阿育王所建；是佛離開尼連禪河走向菩提樹下以前，接受帝釋天所化現的刈草人供養吉祥草之處。受草之處的東北不遠地方，有窣堵波，是釋迦世尊將證佛果之前，青雀群鹿呈祥之處。菩提樹之東，大路左右各有一窣堵波，是魔王在佛成道前嬈惱釋尊之處，亦即降魔之處。菩提樹西北的精舍中有迦葉波佛像。迦葉波佛精舍西北，有二磚室，各有地神之像。據說如來將成正覺時，一神先報魔來，一神後說佛已成正覺。菩提樹西不遠處有窣堵波，高四十餘尺，是漕矩吒國的一個商隊的

▲佛陀伽耶的正覺大塔。

領袖所建。菩提樹東南角的尼拘律樹之旁有窣堵波，側有精舍，中供佛的座像，是如來初證佛果，大梵天王勸請轉妙法輪之處。菩提樹牆垣之內，四角都有大窣堵波，如來受吉祥草後，到菩提樹下之前先到四角，咸得大地震動，直到金剛座上才得安靜。玄奘又說：「樹垣之內，聖跡鱗次，差難徧舉。」菩提樹垣外西南，有窣堵波，是牧牛女的故宅，其側窣堵波是牧牛女煮乳糜處。另有窣堵波是釋尊受乳糜處。菩提樹垣南門外有大池，周七百餘步，清瀾澄鏡，龍魚潛宅，即婆羅門兄弟承大自在天之命所鑿。其南有一池，爲如來初成正覺，方欲浣濯，帝釋爲佛所化之池。在《大唐西域記》中還可看到附近許許多多的窣堵波，都是爲了紀念佛陀成道前後的各種遺跡所在。

中國歷代西遊的僧俗大德，幾乎都曾到過此寺，從法顯、玄奘、王玄策、義淨而經唐、宋兩朝，有關菩提場的漢文記載不絕於書。在西元十二、三世紀之間，曾有緬甸國王等將菩提樹東的大塔精舍做過幾次修復。不久之後，回教徒和印度教徒前後極力反佛，破壞佛寺，所以大塔和寺院全部歸於荒廢；其後此地即淪爲印度教徒之手。西元十八世紀，菩提樹的東側建起一座印度教毘濕笯派的寺院。到了西元十九世紀末一八八一年，才由孟加拉政府命令，把已經掩埋在土中好幾世紀的大塔發掘出土，加以整修，恢復原狀；那就是玄奘所見高一百六、七十尺的那座大塔精舍。同時在此附近也發現了幾處聖跡，比如現在的菩提樹、大塔邊上阿育王建的石欄、金剛座，以及釋尊看樹七天的遺跡。這些都是玄奘三藏曾經記載過的。在大塔未發掘之前，一般皆稱該地爲摩訶菩提和菩提道場。在大塔被發掘之後，改稱佛陀伽耶，因其位於伽耶城南之故。

三六、佛陀伽耶

我們所見到的佛陀伽耶，是在一個山崗之側，面積大約十英畝左右，大塔緊鄰著菩提樹之東，大塔門口兩側有兩座小塔，和正中前方的精舍相連。精舍和大塔合成一體，有上下兩層，供有佛像，供人瞻仰膜拜；當時見有兩位上座部的年輕比丘在塔中照顧朝聖者的簽名和奉獻。兩層塔基內可以拾級上下。其上尚有八級，無法攀登，可能不是中空而是實心的。那是四方形的尖塔，逐段向上縮小，頂端的四角有四個小塔作爲裝飾，中央只有傘蓋形的尖頂，看來非常巍峨壯觀。

進入塔院的大門，必須脫鞋，由院內的管理人員帶領參觀。進入塔院之後，向下走二十餘級石階，就有一個石柱，據說是阿育王所留，上面的文字已經剝落，無法辨認。我在柱前頂禮膜拜。再向下走十多級，左側就是毘濕笯派的印度教寺院，不過規模很小，也不覺得刺眼。除了不讓我們進去，我們也不想進去外，感覺上並不很壞，寺裡的人見了我們也很友善。

我們在塔身的正前方，精舍的門前丹墀中列隊，穿海青搭衣頂禮三拜，然後登塔，在第二層繞行一周，下來後在塔的下方再繞行一周，轉到大塔背後就是我們久已嚮往的大菩提樹。在樹的右側有兩個石刻的腳印，當地的管理人說，一個是佛的腳印，另一個是毘濕笯的腳印；我們是外行，根本看不出來，只知是兩個好大的腳印而已。然後他們把進入金剛座和菩提樹的鐵柵門的鎖打開，讓我們少數幾位進入金剛座側頂禮瞻仰。

金剛座大約只有兩公尺長、一公尺半寬，上面雕有鑽石形圖案的石板座，本來朝東，但現在東面已被大塔貼著金剛座而建，喧賓奪主，使金剛座成爲大塔背後的一個小景觀。因爲要保持金剛座不離菩提樹，所以沒有把金剛座移入大塔內部。金剛座的上方，亦即其正背後壁上的石龕內，有一尊釋迦佛的坐像。

現在金剛座後的菩提樹，也是白皮，由於樹身已老，樹皮剝裂，有如老龍的鱗片。樹身直徑約兩公尺半，在兩公尺之上分成三株，東側的一株上岔兩枝，已經被風吹斷，中間的兩株各岔數十枝，西側平垂的一枝，倒是枝葉繁茂。整棵大樹雖然不是遮天蔽日那般濃密，但樹葉還是非常青翠，嫩綠帶著鵝黃，看來還是青壯有力，高數十丈。

我們繞塔一匝之後，參禮了塔院之內的各處聖跡。佛陀成道後的七天當中，在不同的位置留下個別故事的遺跡，現在每一處都豎有印度文和英文的說明標牌，大致上在《大唐西域記》中都能見到，但現在多半只有牌子說明而無實際的

▲作者於正覺大塔院外阿育王石柱下涕泣頂禮，此處是紀念佛陀成道後受梵天王之請，答應住世說法度衆生；若佛不說法，吾人怎會有佛教可信，所以生大感動。

▲佛陀成道處的菩提樹。

窣堵波。大塔的左側方有一片塔林，既沒有說明，也沒有標示，大概是後人用以紀念的建築物。據管理人員說，那都是各地佛教徒出錢所建，有幾百年以上的歷史。

在大塔南面的院牆之外，有一個石柱，據說也是阿育王時代在印度遺留的僅有的四根石柱之一。除了剛才所說入門處的一根之外，第三根在鹿野苑博物館，第四根在尼泊爾的藍毘尼園。

石柱南方有一池，正如玄奘三藏所記是帝釋天化出供佛沐浴的。現在滿池都是荷葉蓮花，蓮花亭亭，荷葉田田，我想這是人工建築的池子。池中有一佛像聳立，上覆九頭蛇，看來風光很好。我們有些團員很想跳下去洗個澡，因為水質非常清冽而寧靜，好像井水一樣。我們也看到四根阿育王時代留下的石欄杆。我在池前和石柱之旁都跪下默默祈禱：法輪常轉，正法永久住世。

兩層塔基的周圍，每面都有十多座石龕，供有不同姿態的石雕佛像，現在都被西藏的喇嘛教徒貼上金箔，漆上黑漆，已不復見雕刻藝術的本來面目。就是菩提樹也被纏上許多彩色的旌旗，看來很俗氣，有點像民間信仰的神祠。這大概是西藏密教跟神教共通的習俗吧！然而大乘經典所描寫的佛菩薩道場和法會會場，也都非常華麗，只不過《阿含經》和律部中對有關類似的介紹比較少。

當大家在正覺大塔周圍各處巡禮聖跡或休息時，有幾位弟子跟著我到大塔後方菩提樹下，面對金剛座的方向，跏趺坐了半個小時。當時天氣晴朗，微風拂面，群鳥鳴唱，感到非常寧靜清涼而舒暢。坐在石板地上，既不覺得冷，也不覺得硬，倒是覺得非常安定。好像被磁石所吸，被一股無形的力量所攝，坐下後便不想起座。菩提場畢竟是菩提場，有它的道理。即使經過無數次的摧毀與復修，它的靈氣永遠存留。

我們遇到幾位住在正覺大塔附近的外國比丘，據說他們每天都到塔院中的樹下打坐，眞羨慕他們有這樣大的福報。

我正在想著自己福薄而又幸運之時，便陸續從樹上掉下兩片青色的菩提樹葉，一片在我身旁，一片在我手前。我不迷信，所以不想說它是由於我的誠心所得的感應，但這樣的偶然已使我泫然欲泣地來感謝佛陀的大恩。心想：我何幸此生能夠成爲佛教徒，又能出家修行，甚且還有因緣來到佛陀成道的菩提樹下靜坐。這兩片菩提葉雖然並不等於佛的正法，但我會把它當成佛的肉身舍利來恭敬供養和禮拜，好讓我見到樹葉，不忘佛法。如果沒有佛陀成道，我們就沒有佛法；如果佛陀成道之後不說法，我們今天也不知有佛可學。這使我不得不讚歎：「佛陀啊！您眞偉大！」

▲作者率同四眾弟子在菩提樹下習定。

三十分鐘後，我們必須離開正覺大塔之時，當地小販給我們送來好多菩提樹苗，緊跟著我們兜售，纏著不放，非常討厭；我們買了幾株，其餘的我們不要，他們竟然送給了我們，看來又是那麼的慷慨。所以佛國的眾生，也很可愛。

從正覺大塔出來，回到阿育王連鎖旅館午餐。下午一點出發，費了八個小時的車程，到達中印度的另一個古城，也是一個大城，叫作Varanasi，中文名稱是婆羅奈斯城。

三七、覺音論師

西元第五世紀中葉，在佛陀伽耶的附近，還出了一位世界級的佛學大師覺音（Buddhaghosa）。當時印度大部分的佛教學者，都用梵文；而同為印度古語的巴利文佛教，其時業已衰落，只有錫蘭島及佛陀伽耶的比丘們，依然使用巴利文，覺音以巴利文撰寫了許多佛學著作及註解許多經論。其中功力最深、益世最廣的是《清淨道論》（*Visuddhimagga*），除了序論與結論，尚有二十三品，依照戒、定、慧的三大主題，次第論述而成。這是南傳佛教聖典中最受後人重視的一部不朽的名著，所以現代日本的巴利文權威學者水野弘元博士要說：「《清淨道論》是一部彙集南方上座部教理最詳盡、最適當的論書。」事實上這部論書，也被視為現代佛教徒們在實踐方法上最重要的參考書之一。

覺音論師出身於婆羅門種姓，通《吠陀》學，曉工巧明，尤精於辯論。在佛陀伽耶一座錫蘭人建造的寺院出家，在摩訶男（Mahānāma）王時代（西元四〇九—四三一年）到達錫蘭。他的著作，多在錫蘭完成。晚年又回到佛陀伽耶，朝禮聖菩提樹，最後不知所終。巴利文的三藏聖典，確由於他的貢獻而光照寰宇，以迄於今。

《清淨道論》問世後一千五百餘年，始由葉均居士（西元一九一六—一九八五年）譯成漢文。我們這次朝禮正覺大塔及聖菩提樹，除了感恩釋迦世尊的成道，也當緬懷覺音論師的功德。

三八、婆羅奈斯

十月二十二日晚上九點，到達距佛陀伽耶二百五十公里的婆羅奈斯城，住進克拉克婆羅奈斯旅館（Clarks Varanasi Hotel 略稱克拉克旅館）。我們的目的是要巡禮在其附近的鹿野苑，所以先到婆羅奈斯。這也讓我們體驗到釋迦世尊成道後，從摩揭陀國的菩提樹下輾轉步行到婆羅奈斯城的鹿野苑，是那麼的遙遠，目的是爲了化度五位伴隨他苦修了六年的侍從人員。

婆羅奈斯是中印度的中國，現在我們所見的是它的都城，國名早已是歷史上的名詞。根據玄奘《大唐西域記》卷七關於他所見的婆羅奈斯國的記載是這樣的：

婆羅痆斯國，周四千餘里，國大都城西臨殑伽河，長十八九里，廣五六里，閭閻櫛比，居人殷盛，家積巨萬，室盈奇貨，人性溫恭，俗重強學，多信外道，少敬佛法。氣序和，穀稼盛，果木扶疏，茂草霍靡，伽藍三十餘所，僧徒三千餘人，並學小乘正量部法。天祠百餘所，外道萬餘人，並多宗事大自在天，或斷髮或椎髻，露形無服，塗身以灰，精勤苦行，求出生死。

玄奘西遊時所見的婆羅奈斯是非常廣大的城市，城內都是做大生意的商人。外道多佛法少，而且學的是小乘。它是印度人文薈萃之地，恆河和婆羅奈河交叉流過此城，所以得天獨厚，民豐物阜。在佛經中也有許多關於此城的記載。它在恆河西岸婆羅奈河的河口位置，所以又被印度教視爲聖城。

三九、恆河沐浴及火葬的宗教信仰

十月二十三日凌晨四點三十分起床，五點三十分登車，經過十分鐘車程，穿過婆羅奈斯城最熱鬧的市中心，看到終宵歌唱的歌台舞榭，許多不知疲累的聽眾通宵達旦載歌載舞，印度人眞是個快樂的民族。但市容還是很髒很亂，人民的服裝還是很舊很破，所以只能用露天的野台作爲大眾娛樂的場所。我們步行五分鐘到達恆河西岸被印度教視爲聖地聖河的段落，據說每天有五千人來此浴身，男女老少都有。

我們在晨曦朦朧中登上專門搭載觀光客的小木船，看到成群的印度教徒在河中沐浴。據說有五十多個沐浴口，其中只有五個是最神聖的，因此教徒多半擠在這五個及其附近的沐浴口。男的都光著上身，下身圍著沙里，一次一次地潛入水中又站起來，幾秒鐘便沉下去一次，既是一種修行的方法，也是洗脫一切罪障的信仰方法。也有不少婦女，身罩單薄的沙里，做著跟男人一樣的動作，見到觀光客的木船從五十公尺以外的河面駛過，她們也視若無睹；用照相機把她們攝入鏡頭，她們也毫不在乎。河邊架有上百的大布傘，每具傘下都有一人管理，這個人

也是印度教的宗教師，他教導那些朝禮恆河的印度教徒們如何沐浴、祈禱，包括動作和所用的咒語（mantra）。印度教徒在入河沐浴前若有衣物，亦可寄放在傘下，離開時供養金錢，表示恭敬。對於非印度教徒並不開放也不許進入該範圍。

恆河水質渾濁比中國的長江更甚，不知道整個恆河是否都是這個情況，至少在婆羅奈斯那一段，雖未聞到臭味，但頗似排放下水道的臭水河。河面

▲印度教徒在恆河沐浴。

飄浮著許多垃圾、果皮、紙屑、罐頭、人畜的糞便，特別是沿著河邊，污濁的情況更爲嚴重。那些在河邊沐浴的印度教徒，依舊習以爲常而不以爲髒，眞值得佩服。我不相信這是他們的愚癡，而是對於自己的信仰毫不懷疑勇往直前。因爲他們相信在恆河沐浴就能往生天國，他們也相信婆羅奈斯是進入天國的捷徑。因此生時要到此段河中沐浴，死後都盼望擠到此段的恆河邊火葬。我們也看到了沐浴口的下游，設有幾個火葬台，和我們在尼泊爾虎河邊所見的相同，當時有幾具死屍正在那裡火化，冒出熊熊烈火。送葬的人沒有哭，也不哀傷，是那樣的自然，臉上甚至掛著欣慰喜悅的表情。據說，印度教徒死亡，沒有人哭泣；這對於中國人來說，是無法理解的事，即使佛教徒死亡，他的親屬多半也會哭泣。火葬時沒有棺木，而是用布把屍體緊緊裹起來，再用繩索綁成像一條香腸的樣子，擱在柴火堆上。死者的男性家屬會把頭髮剃光，只在後腦留下一撮頭髮，表示還有後代。

我在印度也看到幾個送喪的場面。有一次我們乘的巴士在郊外公路上行駛，看到兩位年輕男子抬著一具用白布裹著的遺體，送往火葬處。另外在婆羅奈斯城中鬧區，見到兩個男人抬著一具用鮮紅的綢布裹著的屍體，若無其事地在人群中穿來穿去，沒有人讓路，他們也不在乎，好像是抬著家具通過馬路。印度導遊告訴我，那是一具有錢人家的女屍。我問：「爲什麼如此蕭條，沒有人送葬？」他的回答很妙：「大家都很忙嘛！」我又問：「死了之後要不要誦經？」他說：「印度人會誦，但是沒有用，生天是他自己的事。」因此可知印度人對生與死的界限看得很淡，這也是他們的宗教帶給他們的信心所致。他們在恆河邊火葬之後的骨灰就傾入恆河，因爲恆河的水從天上來，又回到天上去，所以被恆河的水帶走，就上了天國，這就是他們的信仰。

四〇、恆河日出

▲恆河晨景。

當天因爲行程很緊湊，加上遊恆河的主要目的是爲了看日出時河面的金光，而且聖河沐浴的景況以早上的人數爲最多，所以我們決定早起遊恆河。

我們登上小船進入恆河時，東方微曦已現，河面也在白茫茫中托出一片寧靜。此時的河面向遠處看非常旖旎，向近處看卻相當骯髒，因爲水面的漂浮物太多，而且有幾隻小販的小船跟著遊客的船隻四面打轉。他們叫賣念珠、小佛像，還有用乾燥的樹葉編成的浮燈，燈中有一隻小蠟燭，每一盞燈一個盧比。據說放一盞燈就有無量功德，是供天供神的；這一盞燈可以照出你的天堂之路。團員中眞有人買了燈來流放。也有小販在河中捕了小魚向我們兜售，叫我們放生。有好幾位善心的信徒就隨買隨放。我勸他們最好不買。遊客不買，小販不抓，他們抓了沒人買，自然會放掉。如果我們買，反而打擾了那些水族眾生。

漸漸地，東岸透出紅光，大家都屏息以待。聽說恆河日出的金光瞬息即逝，幾秒鐘就變了，的確是這樣的。太陽昇出一半，還見不到金色，只是紅光；剛剛從河面露出整個太陽時，河面才會呈現一片金光燦爛的景色。天空由紫而紅，由紅而金，由金而變成淺藍，自然的色彩眞是變幻無窮。當太陽離開地面之後，那種景色就愈來愈平常了。我也在日出地面之時，拍到一張有兩人划著木舟通過鏡頭前面的照片。那是金色的河面，黑色的小舟，隱約的人影，眞是一幅好美的畫。但是我又立即想到《華嚴經》所說的「日出先照高山，然後才照平原」。那麼佛陀出世之時，生在印度的大阿羅漢及諸大菩薩，都是高山；而我們生在佛陀之後，又在好遙遠的東方——中國，應該是平原的眾生了。今天能到恆河看日出，好像也沾到了一些「日出先照」的喜氣。

四一、印度的宗教

從恆河邊登岸，再回到市區，是通過一條據說已有兩千年或更久歷史的古街道，只容兩人對面通過，或者牽著兩頭牛對面通過。也許是兩邊的房子很高，而街道很窄，行人很多，牛隻雜在人群中漫步，所以顯得很狹隘。印度導遊為了讓我們認識印度的古文明和古宗教，所以進入這樣的街道。我以為是個巷子，導遊告訴我：「不，這是大街。」在婆羅奈斯有三百多條這樣的街道，兩邊的確都是商店，每個店前面多半只能容納一個人橫睡的寬度。因為還很早，好多人都還在店門前呼呼大睡，也有一些早起的人，在打掃店面門口的街道。道旁有牛屎也有人糞，大概這些人家的室內都沒有衛生設備，為了早市，所以用水沖洗打掃。我們經過時雖然濕漉漉的，還好沒有踩到糞便。我問：「為什麼街道那麼小，而且轉彎抹角地曲曲折折？不像是房屋，倒像是城牆，因為有兩三層的高度。」導遊告訴我：「這是為了防衛外力的入侵，故當回教軍隊進攻印度時，這是所遭破壞最小的都市，因為進城後有如甕中鱉，不知道道路的出口，而且街道太小，不便作戰，看來連巷戰都有困難，這可說是該城的特色。」街道兩旁，幾乎三四家就有一個神祠和神像，早起的居民都在神祠神像前獻供祈禱；而早市的許多店鋪和攤子，多半也是賣供神用的香花等祭品。

我們的印度導遊之中，有一位三十來歲的青年，就是婆羅奈斯當地出生的居民，他對於印度教和當地的風俗習慣如數家珍。我利用在走路及在車上的時間向他請教了許多關於印度教的宗教問題。他說印度教有三個大神：第一是濕婆（Śiva），是個毀滅之神，因爲他很可怕，所以特別受到尊敬，他的坐騎就是牛，所以印度人把牛視爲神聖；第二是毘濕笯（Vishnu），是保護神；第三是布拉瑪（Brahmā），是創造神。這三位大神另有不同的名稱，比如大自在天是創造神，大梵天、克里斯納（Krishna）是生之神，都是他們的異名，而釋迦牟尼佛被他們視作保護神，爲毘濕笯的第九次化身。其實這些都是同一個神以不同的性格出現，表現出不同的功能，所以給他不同的名字。

另外在女神中，有杜爾嘉（Durgā），還有帕娃蒂（Parvati），都是濕婆的妻子，其實是同一個神而顯現不同的形態。他們有兩個兒子，一個是智慧之神加尼沙（Ganesa），另一個是戰神卡提基亞（Kartikeya）。智慧之神是象頭人身，戰神是騎孔雀的英俊少年，另外一位女神叫卡利（Kali），是位兇悍的破壞女神，黑臉蓬髮裸體。她口吐舌頭，一手拿刀，另一手拿巨人的頭，身上掛的全是人頭，耳環是兩具死屍。其實印度教用不同的神名來表達同一個神的不同功能，女神只有一個，男神也只有一個，用男神和女神來代表剛和柔、生和滅、陽和陰的不同。但宇宙的形成，是在和諧之中，如果男神和女神能合而爲一，就是宇宙最高的境界，所以濕婆的信仰後來轉變爲性的崇拜。

我們可以在印度教的許多神廟中，看到濕婆和杜爾嘉的雙身交抱的神像。在不懂印度教教理的人看來，是一種淫猥的姿態，但在他們的信仰中，這是和平安定圓滿究竟的一種象徵。後來西藏的密教，也有同樣的信仰，即無上瑜伽以男女雙身的修行爲最高法門，並把象頭人身的智慧神吸收爲密教的本尊之一。所以從印度教可以看到一些西藏密教源頭的蛛絲馬跡；凡四臂和六臂的本尊信仰，也可以從印度教得到消息。當然，西藏密教的信仰可以找到自己的理論，跟印度教並不盡同。

我問印度人對佛教的觀點如何？知識分子會說，佛教的思想非常豐富，所以印度教把佛教的思想當成智慧的一部分。一般的民間信仰則把釋迦牟尼佛當作毘濕笯的化身，所以在印度可看到禮品店出售佛像。但是印度教徒不會在印度神廟供奉佛像，也不會在家裡崇拜佛陀，倒是會到佛教聖地參拜。比如印度教徒會到佛陀伽耶參訪，事實上該處即有印度教的毘濕笯派的廟宇。

四二、鹿野苑

十月二十三日下午，乘車向婆羅奈斯東北五公里處出發，目的地是釋迦世尊初轉法輪的聖地鹿野苑；現在的名字叫Sārnāth，譯成沙那他。《大唐西域記》卷七對於鹿野苑有如下的介紹：

婆羅痆河東北行十餘里至鹿野伽藍，區界八分連垣周堵，層軒重閣麗窮規矩，僧徒一千五百人，並學小乘正量部法。大垣中有精舍，高二百餘尺，上以黃金隱起作菴沒羅果，石為基階，甎作層龕，翕匝四周節級百數，皆有隱起黃金佛像，精舍之中有鍮石佛像量等如來身，作轉法輪勢。

從這段文字介紹，可以知道玄奘三藏訪問當地時，所見到的鹿野苑，範圍相當廣大，殿宇莊嚴，僧眾有一千五百人，當時還是一個相當大的道場。鹿野苑的梵名是Mṛgadāva，又叫鹿野園、鹿苑，又叫仙人園。其名稱由來從《出曜經》卷一四〈道品〉所見，據說是神仙諸佛和五通仙人所居，非凡夫所居之地，所以叫仙人住處。曾有一位婆羅奈斯國的國王到此園中打獵，見有群鹿，一網千頭。當時有鹿王屈膝哀求，國王感動，就放走還山，因此稱爲鹿野苑。

▲鹿野苑塔林精舍遺跡。

▲鹿野苑僧舍遺址。

此處在玄奘西遊時代，尚極隆盛，可是到了西元十三世紀，經過回教徒入侵及印度教徒的蹂躪破壞，漸成廢墟。我們現在所能看到的只有滿園的廢磚和寺院的牆基，除此之外僅有一座高約五十公尺的圓形平頂的大塔。大塔分上下兩層，下層是石造，上層以磚砌。

在苑中有一座回教寺院，塔前有一座錫蘭寺院，附近有一座中國的佛寺。從苑中所見，當時寺院規模和大小窣堵波的數量也相當可觀，目前則是一片荒蕪。據說大塔中原藏有佛陀舍利，後來被修整的工人發現，認爲這是人的屍骨，應該拋入恆河才能早日生天，結果現在塔中空無一物。又聽我國的舍利子專家曾一士居士說，鹿野苑大塔內尚藏有佛舍利，塔門的鎖鑰現由一位斯里蘭卡的比丘保管。我們在苑中看到一個用原有舊建築物的石材搭建起來的石亭，據說是如來入定之處。我們所能確知是釋尊的遺跡的，也只有那一個石亭，至於佛陀究竟是在那一個地點爲五比丘說法，已無法尋找。大塔右後方，有斯里蘭卡佛教徒新造的「佛爲五比丘說法像」，看來雖能使人起信，但手藝相當粗糙。我們在大塔正後方和如來入定處的石亭各頂禮三拜，感謝如來在此初轉法輪的恩德。

四三、鹿野苑博物館

我們進入鹿野苑的廢墟之前，先參觀鹿野苑博物館。該館完工於西元一九一〇年，大廳所陳列的雕像中，最引人注目的是獅子柱頭。它曾是阿育王石柱的頂冠，高達二點三一公尺，包括四部分。底座是鐘形，覆以內捲的蓮葉雕刻。上面是圓形的柱頭板，刻有四種奔跑的動物，包括象、鹿、馬和獅子，每一動物之間以法輪隔開。接著是從一根石柱雕出的四隻獅子坐像，獅子刻得栩栩如生，眼皮上甚至有小孔，可以插入針去調整獅子的眼球。頂端是個法輪，原有三十二個輻條，目前只剩四條。獅子柱頭的象徵意義有許多說

▲鹿野苑前五比丘迎佛塔。

▲阿育王石柱已斷的柱身，如今被保護在石亭中。

法，最簡單的一個解釋是：頂端的法輪象徵佛法，四隻獅子代表佛面對四方在說法。

在阿育王石柱柱頭之左，是個由紅色砂岩雕成的巨大菩薩像。此外有一排從西元第一世紀留下來的三根石柱，上面刻有一些神聖的象徵，比如菩提樹、窣堵波、法輪等。大廳的南半部陳列有佛陀的立像和坐像，大廳之外的陳列室則有一些淺浮雕和其他雕像。其中有一個石碑，由四塊石板組成，上面刻有佛陀從出生、成道、轉法輪到涅槃的情況。另一個石碑則是佛陀八相成道圖，其中四個圖與上面所述類似，另外四個圖分別是弟子以蜜供養佛陀、佛陀降服狂象、佛陀從三十三天下降人間及佛陀在舍衞城顯神通化身千萬。

在此博物館內，我們同時也看到僧團在寺院中所用的各式各樣的器皿缽盂。博物館還陳列有印度教的石雕，出土的物品也非常精美。然而我們是爲朝禮佛教聖地而來，印度教的部分雖然收藏豐富，但我無心參觀，只是大略瀏覽。以此博物館收藏的內容來看，鹿野苑不僅曾爲回教佔有，也曾被印度教佔爲寺院之一。

▲阿育王石柱柱頂的四獅四獸法輪石雕。

▲佛陀一生八相圖石浮雕（笈多王朝時代作品）。

▼佛陀生平四相圖石浮雕的局部，此為笈多王朝時代作品。

▲法輪石雕殘片。

▲古式右旋卍字石刻。

四四、初轉法輪

▲佛陀初轉法輪紀念塔：初建於孔雀王朝，重建於笈多王朝。底部直徑二十八點五公尺，高三十三點五公尺；基部是石鼓，高十一點二公尺；上部是圓柱形磚造物。石鼓部位的周圍是八個石壁，原各有佛像，現在是空的，嵌有幾何形圖案及花、鳥、人物，這種混合形式，就是笈多王朝時代的建築特色。

佛陀成道後，對他自己而言，功德已經圓滿，智慧已經究竟，煩惱已經斷除，再也沒有什麼事需要他來做。可是佛陀最初出家的動機就是因爲見到眾生的苦難和煩惱，一旦大悟徹底，知道苦從何來，明白如何滅苦的道理和方法，當然要毫不猶豫地出來廣度眾生。所以他從佛陀伽耶徒步跋涉到婆羅奈斯的鹿野苑，找到了曾經跟隨服侍他的五位從者，對他們說出了佛法的基本道理。

那五位從者聽完他所開示的佛法之後，立即證得阿羅漢果，他們的名字分別是阿若憍陳如、跋提、婆波、摩訶男、阿說示。

所謂法輪，指的是四聖諦、八正道，前者是苦、集、滅、道。苦是集的結果，集是苦的原因；道是滅苦的方法，滅是已經離苦。滅苦的方法就是八正道。八正道即是正見、正思惟、正語、正業、正命、正精進、正念、正定。以修持八法而斷集滅苦，那就能脫離煩惱。所謂正見，就是正確的知道一切現象是因緣生、因緣滅，所以是無常的；既是無常，所以是無我的。知道無常又能去除我的執著，就離一切煩惱妄想，這就是涅

▲初轉法輪紀念塔的石雕細部。

▲朝聖團禮拜釋尊入定處。

槃。這是佛法的基本道理，以後佛陀說法四十多年，不論說深說淺，都不離這個基本的原則。佛教後來即使發展成小乘大乘等許多學派，也不會離開佛陀當時所說的基本原則。因此，佛陀初轉法輪的地方，對我們來說，意義非常重大。

當朝聖團頂禮鹿野苑的大塔時，有居士請求我代佛說法，我說我是何許人也，豈敢在佛陀初轉法輪的聖地代佛說法。我們只有以古聖先賢求法的心情和學法的精神來佛陀初轉法輪的聖地，體會一下佛陀說法的苦心和悲願。他以一生求法而悟道，然後將他所證的佛法來救濟一切眾生。今天距離佛陀涅槃已兩千五百多年，眾生還是那麼苦、那麼愚癡，佛法還是沒有普及於人間。後代的佛子應該感到責任重大，若不精進，便會愧對佛陀的救世本懷。

四五、拘尸那羅

十月二十三日晚上，從鹿野苑回到婆羅奈斯的克拉克旅館。二十四日清晨四點四十五分起床，五點半早餐，六點出發，從婆羅奈斯向拘尸那羅（Kusinagara）的方向進行，車行七個小時，於下午一時才抵達科拉坡（Gorakhpur），住進瑪雅巴蘭布旅館（**Maya Balrampur Hotel**）。因爲拘尸那羅沒有旅館，所以到距該地最近的科拉坡。這家旅館原來是當地土王的王宮，由於土王的權力沒落，經濟破產，結果賣給商人，作爲旅館來經營，土王則離開印度到外國做寓公。所以我們所住的地方非常豪華，但也很陰森；巨大而不實際，寬敞而不舒適。可以想像土王當年住在這裡，只是虛有其表的聲勢，不一定是享受。

匆匆用過午餐之後，下午兩點即登車前往拘尸那羅的佛涅槃場。拘尸那羅是釋迦世尊時代所謂十六大國中的一個，叫末羅力士國，可是現在的印度地圖上，只有科拉坡而沒有拘尸那羅，可見當地佛陀的聖跡早已在印度人的心目中湮沒。

玄奘的《大唐西域記》卷六，關於拘尸那羅有如下記載：

拘尸那揭羅國，城郭頹毀，邑里蕭條，故城甎基周十餘里，居人稀曠，閭巷

▲拘尸那羅佛陀涅槃相。

荒蕪，城內東北隅有窣堵波，無憂王所建，准陀之故宅也。宅中有井，將營獻供方乃鑿焉，歲月雖淹，水猶清美。城西北三四里渡阿恃多伐底河，西岸不遠至娑羅林，其樹類槲而皮青白，葉甚光潤，四樹特高，如來寂滅之所也。其大甎精舍中作如來涅槃之像，北首而臥，傍有窣堵波，無憂王所建，基雖傾陷，尚高二百餘尺，前建石柱以記如來寂滅之事。

從以上記載可知，玄奘當時所見的佛涅槃地已經非常荒涼。又根據玄奘三藏《大唐西域記》的記載，在其附近還看到最後供養人純陀的故宅，還有救鹿救火的地方、善賢得道之處、金剛力士躄地放杵的地方、如來滅後七天中諸天供養處、摩訶摩耶夫人從天上下來為佛涅槃而哭泣之處、當時的八個國王分佛舍利之處。

我們這次所見到的只有三個遺跡：第一是佛涅槃塔，塔前有小精舍供養佛的涅槃像，長數丈；在佛涅槃塔後有據說是阿難的墓；阿難墓的後方據說是純陀的紀念塔和佛的最後得度弟子須跋陀羅的紀念塔。所謂阿難的墓只是一個稍稍隆起的大磚堆，我們沒有看到英文的標示。須跋陀羅和純陀的紀念塔是兩個一高一矮、一大一小的土堆，上面各立著一

▲佛陀的最後供養者金工純陀紀念墓碑。

方墓碑，刻著印度文，已經斑駁不清。我們不懂印度文，何況墓碑又已剝落，所以不能確定是不是這兩個聖跡，唯有相信管理員的介紹。

四六、涅槃場

當我們進入拘尸那羅涅槃場的大門時，天色未黑，看到兩棵新種十來年的一高一矮的娑羅樹（Sala Tree），分別聳立在佛陀涅槃堂之前。佛陀當時就是在兩株娑羅樹中間涅槃的，所以又稱佛涅槃場爲雙林。院中除了以上所記的這些原有的和後來的紀念物之外，也有若干不知是那個年代留下來的磚砌的僧舍和小塔的基腳，好像比玄奘三藏當時見到的還好一點，因爲現在受到印度政府的保護和管理。

▲無憂樹。

這次我到印度，見到

了跟釋迦世尊的一生有密切關係的三種樹。其中之一是降生時的無憂樹（Asoka Tree），在藍毘尼園，並沒有看到。倒是它已經成爲印度的國樹，到處可以見到；青翠、茂密，葉子有點類似中國的椿樹，但葉片更薄更密，枝條更繁而多。它另外還有一個特性，可以隨著人的意思成形，若要它向上可以長得幾十丈高，若要它向橫的發展，可以橫張出去幾丈方圓，眞是一種能屈能伸能小能大的無憂自在的樹。另外一種是佛陀成道時的菩提樹，這是我們在臺灣和其他熱帶地方都能見到的一種喬木，終年常綠，但也有落葉的時候。另外是佛涅槃場所見的娑羅樹，也是一種常綠喬木，油油光光滑滑的闊葉樹，葉片有點像大枇杷葉，又有點像芭樂樹的葉子，最大的有兩個手掌大。在院內的許多印度小孩摘了一把把新鮮的娑羅樹葉要賣給我們，就像在佛陀伽耶時有小孩們摘了大把的菩提葉要賣給我們是一樣的。他們可以向你要十個或二十個或五十個盧比，但你若只給他一個盧比，他們也會給你。小孩很多，只要他們看到你手中有錢要買，很可能葉子還沒拿到，錢已經被搶跑了，跟在我後面的一位女居士，就遇上了類似的經驗。說他們貪婪是貪婪，說慷慨也是慷慨。對我來說，無憂樹和娑羅樹是到印度之後才初見。

釋迦世尊將入涅槃時便是在兩棵娑羅樹中間右脇臥下，當時，有個一百二十

▲佛陀涅槃紀念堂塔前的娑羅雙樹之一（佛陀涅槃即在此雙樹之間）。

歲的老梵志須跋陀羅，雖通達四種《吠陀》，得五種神通，能入非想非非想定，但仍未捨憍慢，聞佛涅槃，趕往佛處求佛說法，佛陀慈悲地接見了他，爲他說八正道，使他立時現比丘相並證阿羅漢果，成爲佛陀最後得度的弟子，然後佛陀就進入了涅槃。

本來兩棵娑羅樹的葉子是墨綠色的，當佛涅槃時，由於樹神悲痛，所以樹葉全部變白，一片片化作群群白鶴，所以後人又稱這兩棵樹爲鶴樹或鶴林。以白鶴來形容變白的樹葉，由此亦可知樹葉的大小。

▲前為佛陀涅槃紀念堂，後為佛陀涅槃紀念塔。

四七、火化場

離開涅槃場車行五分鐘，就到佛陀的火化場。當我們到達時，原來在涅槃場接待我們的印度管理人員已經在火化場迎候。問他們怎麼來的，說是走過來的，我們坐車比他們步行還慢。

當地的英文標示牌有如此說明：「當地人把磚塔的遺跡叫 Ramabhar Tila，可能是建來紀念佛陀的火葬，挖掘之後並未發現任何遺物。」雖然如此，我們既然到了佛的涅槃地，相信任何一個地方都跟佛有關，所以還是到磚砌的紀念塔前燃燭、誦經、禮拜。天色漸由朦朧而黑暗，我們誦完經，離開該地，對於塔的形狀和塔院四周的景物沒有留下多少印象。

聽說由於當地非常偏僻荒涼，治安並不很好，外來遊客有隨時遇到暴徒襲擊的可能，所以大家匆匆上車，而且導遊人員吩咐我們車窗都要關緊，好像很恐怖似地，其實一路上平安無事，什麼也沒有看到或遇到。在印度朝聖的行程中，只有這一段因導遊的警告而虛驚一場。

我本想下車參觀一下中國人所建的雙林寺，它就在我們所經的路旁，而且也看到該寺的入口大門，可惜時間太晚，附近的確相當荒涼，既沒有電燈，也很少人家。然而那些管理人員，就住在附近，而且徒步自由來去。至今我仍弄不清楚是眞的危險，還是導遊人員故作緊張。

四八、科拉坡的旅館

當晚回到科拉坡，八點半又換到另一個旅社叫科拉坡巴賓那旅館（Gorakhpur Bobina Hotel），房間很少，必須四個人一間。因爲到佛教聖地旅遊的人不多，不僅很少有外國人去，印度本國人也極少有人去。

拘尸那羅交通不便，相當偏僻落後，只有日本的佛教徒和緬甸、斯里蘭卡、泰國等東南亞地區及中國的佛教徒偶爾會去。去的人愈少，旅遊業愈蕭條，所以不僅在拘尸那羅附近沒有旅社，就是拘尸那羅附近的市區也沒有較好的旅社。

想在聖地有比較理想的棲宿處，有兩個辦法：第一，希望有更多的人去朝聖；第二，我們自己去建造一座寺院。事實上，中國人已經有一座寺院在那兒，可惜沒有人去維持。據說現在由一位中國老婦人負責打掃管理照顧；如果這位老婦人去世，恐怕將淪入與那爛陀寺附近的中華佛寺同樣的命運。

此情此景，不禁使我暗自流淚。爲什麼我們對於佛的聖地如此冷落，而沒有人發大願心去那裡陪伴佛陀的遺跡呢？

四九、藍毘尼園

二十五日早晨四點四十五分起床，五點半早餐，六點登車出發。車行二十七公里，約一小時後來到印度和尼泊爾的邊界出入境處。那裡沒有海關，但有兩邊政府的查證站，僅對外國人而設，印度及尼泊爾兩國人民，則可自由來往出入，不需簽證。我們在印度這邊本已辦好兩次出入印度的簽證，但在藍毘尼園的尼泊爾邊境，印度查證人員故意刁難，如果每人不給他們一百元盧比，就取消我們的簽證；結果只有照付，一共八千盧比，也是一筆大數目。付錢之後，通行無阻。尼泊爾境內不需要我們的證件，我們只需換乘尼泊爾的交通車。汽車品質相當落後，車內設備髒而破。尼泊爾和印度的巴士，再怎麼冷的冬季也不會有暖氣，怎麼熱的夏天也不會有冷氣，我們在旅途中已經認同和習慣了。

上午十一點三十分，抵達目的地藍毘尼園，現在那一帶的地名就叫藍毘尼（Lumbinī），屬畢柏羅婆（Piprāva）地方。

藍毘尼在佛陀時代屬於天臂城，釋迦族則在迦毘羅衛城。釋尊的父親叫淨飯王，母親叫摩訶摩耶。摩耶夫人有個晚上夢見六牙白象進入腹中，便懷了孕。快臨盆之前，依印度當時的習俗，須回到娘家分娩。夫人在半路上走到她父親善覺國王在天臂城所擁有的一個園林，叫藍毘尼時，已經很疲倦了，便到園中水池沐浴，然後在池旁無憂樹下休息，正好用右手攀住無憂樹枝，便誕生了悉達多太子。太子出生就能自行七步，一手指天，一手指地而說：「我於天及人中，最尊最勝。」說畢，即如平常嬰兒。當時園中百花競放，群鳥爭鳴，天龍噴灑溫泉香水為太子淋浴。這是兩千六百一十三年前釋迦佛陀降臨人間的景象。

後來釋迦族衰微，迦毘羅衛城滅亡，天臂城也消失，藍毘尼遂成

▲佛陀誕生地藍毘尼園。

為僅僅是佛典裡記載著的地名，甚至確切的地方在那裡也弄不清楚了。直到西元一八九六年，富勒（A. Führer）奉印度政府之命進入尼泊爾，在巴特瓦州（Butwar）的塔瑞（Tarai）地方，第拉河（Tilār）之西的巴格凡坡村（Bhagvanpur）的北方二里，又在巴迪利亞村（Paderia）的北方叫盧明戴（Rummindei）的地段發現了《大唐西域記》中所記載的阿育王所立石柱，根據柱的下半截，根據柱上的文字可知，在阿育王即位之後第二十年，曾親自參訪此處建一石柱，並對藍毘尼村減稅。西元一八九九年又有穆克吉（P. Muk-

▲藍毘尼園摩耶夫人廟內的佛誕石浮雕（新）。

herji）另做調查，發表報告，刊於《考古調查報告》（*Archeological Survey Report, No. 26, 1901*）。西元一九三二年以後，尼泊爾政府在這地方嘗試挖掘。

▲藍毘尼園摩耶夫人廟內的佛誕石浮雕（古）。

現在藍毘尼園有一東西三十公尺、南北二十公尺的長方形浴池以及幾個古塔的基礎，還有紅磚的殿宇。小小的殿宇建於兩公尺高磚砌的台基上，被稱爲摩耶夫人廟。有英文標示說明，建於西元前三世紀到西元後四世紀之間。廟的大小只有三、四尺見方，現在都塗上了白石粉，寺內的牆壁有摩耶夫人在樹下誕生悉達多太子的立像，有三位侍女在旁，但現在只看到輪廓，整個浮雕已被敲落。又有一塊現代人模仿原石雕所製成的同樣的新石雕，倒是栩栩如生；除此以外，什麼也沒有。小小的摩耶夫人廟僅能容納兩三個人，連在裡面禮拜都難以迴身，所以我們只好在廟前的台上列隊禮拜，台基倒可容納我們全部團員。台的下方有棵大菩提樹，正好遮蔭。

▲阿育王所立之石柱。

在摩耶夫人廟後，便是有名的阿育王石柱，豎立在設有鐵柵保護的範圍內，高約五公尺，直徑約六十公分。園中沒有花，只有十來棵樹，一片草地。當時我們見到十多位男女工人在除草。管理人員要我在訪客簿上簽名，也叫我給他們建議。因爲十多年來有一位曾經擔任緬甸駐聯合國大使的于丹（U Thant）居士，成立一個重建藍毘尼園計畫的國際基金會，由十五個聯合國的會員國組成，于丹居士即擔任這一組織的祕書長，已經募到相當款項，準備六年內重建完成。

我們在園中吃了隨身攜帶的乾糧及便當之後，發現在摩耶夫人廟正前方的樹叢裡，有一個上座部系統的尼泊爾佛寺，我們也去拜了佛。該寺只有一位當地六十歲的老比丘在照顧，他說他屬於「藍毘尼佛陀法身委員會（Lumbinī Dharmakāya Committee）」。該委員會屬於藍毘尼國家委員會（National Committee for Lumbinī），是一個尼泊爾的佛教組織」。當我給他供養，他用流利的英語先問：「是給我們的『委員會』呢?還是給我?」「是給你的寺院。」「那麼是給我們的委員會，不是給我。」接著又告訴我：「我們出家人，有兩樁事一定要清楚，第一是金錢，第二是女人。」當他這麼一說，我又給他一張紙幣說：「這是給你的。」然後他就拿出佛陀誕生的紀念徽章，品質非常粗糙，美工設計也不高明。他說：「你們可以多買一些回去，每個只要十個盧比，這是屬於我個人的。」我買了十個。我們的信徒也有很多人買。

在有比丘照管的佛陀聖地，還是那麼需要經濟上的布施，可見當地財源非常缺乏，信徒當然很少很少。但他又告訴我們：「因爲藍毘尼有重建的大計畫，我的寺院不久會被拆除，到時候不知道怎麼辦？」藍毘尼園即將重建，本是一樁很值得高興的事，但對於這位比丘來說，倒像是喜憂參半。

五〇、舍衛城

二十五日晚上從藍毘尼園出來，又回到印度，乘原車行五小時，到巴蘭布的瑪雅旅館（Maya Hotel）時，已經八點三十分。這個旅館比前一天晚上的更小，因為另有一個日本朝聖團也住在該旅社，我們必須六個人一個房間；因此，果元師也不得不和我同住一個房間。這是我們全部行程中所住旅館條件最差的一個，房間少，設備差。印度的司機和導遊甚至於臺灣去的五位導遊，都是露天而睡。不過，這麼小的地方住了那麼多的人，第二天起來也沒什麼不對勁。只是有人在房間裡看到蛇，我的房間看到蟑螂、青蛙、蝙蝠、蚊子、蒼蠅和蟋蟀，看來是這些眾生跟我們有緣。

十月二十六日清晨五時起床，六時早餐，七點登車出發，車行一小時，抵達朝聖的最後一個點——舍衛城（Sravasti）的祇樹給孤獨園（Jetavana-Anāthapiṇḍasyārāma）。

我們讀大乘經典的開頭，常會見到「一時，佛在舍衛國祇樹給孤獨園」的句子，這說明了這個園的位置是在舍衛國，又叫舍衛城。它是中印度一個古國的都

▲往祇園精舍的途中，當地居民很友善。

▲在往祇園精舍途中路邊小食攤的繩床。

城，在《大唐西域記》稱爲室羅伐悉底國，在玄奘以前的舊譯經典都簡稱它爲舍衞國。靠近尼泊爾南面邊境的一條拉普提（Rapti）河南岸，有一個叫撒希馬希（Sahetmahet）的城，就是古舍衞城的遺址。這個城的南方附近就是祇樹給孤獨園的所在地。現代人已經在該處做了幾次的考古發掘，在地下發現了幾處僧伽藍的基石，以此推定，當時寺院的規模相當宏偉而壯麗。

根據玄奘《大唐西域記》卷六的記載，室羅伐悉底國的範圍一共有六千餘里，但當玄奘旅印時代，那座都城荒廢將屆湮沒。宮城的舊基周圍有二十餘里，也都荒塌，不過還有一些人民居住，從事農耕，風俗淳樸。當時的佛教僧院有數百處，多半亦已圮壞，僧侶很少，是屬於小乘的正量部，而天祠有百所，外道甚多。同時又記載，城內外的許多遺跡，在佛經中都可以找到根據，比如給孤獨長者的故居、波斯匿王爲佛所建的大法堂遺址、城外的祇園精舍、佛爲病患比丘做看護的地方、舍利弗和目犍連比賽神通的地方、外道殺淫女而謗佛之處，及提婆達多生陷地獄之處等。

五一、歷史的祇園精舍

祇樹給孤獨園是因施主之名而得名的。那是由於釋迦世尊到了舍衛城，以佛法感化了當地的大富翁須達長者，因爲這位長者經常布施貧窮，周濟孤獨，所以時人尊稱他爲給孤獨長者。他發心要爲佛陀建立一座精舍，供養三寶，作爲佛陀的弘法安僧之處。後來釋尊發現這塊園林非常適合，須達長者便一口答應要洽購來供佛。想不到那塊地是屬於祇陀太子所有，當然無法購得，談判結果，祇陀太子說：「聽說你很有錢，如果你用金磚鋪滿我的園林，我就賣給你。」須達長者眞的做到了，祇陀太子很受感動，因此說：「地讓你買走了供佛，地上的樹木就由我來供養罷。」

遂將這座園林命名為祇樹給孤獨園。此園原來的範圍有八十頃，樹木茂密。

根據《五分律》卷二五所記，有關祇園精舍的建設和布局是這樣的：經行處、講台、溫室、食堂、廚房、浴舍和很多房舍。此外在南傳巴利文藏經中記載：還有倉庫、廁所、井、蓮花池、療病室等。精舍的中央是佛殿，稱為香室，圍繞著香室的有八十多間小房間，可見當時祇園精舍的僧伽藍規模非常宏大。

▲祇園精舍遺址。

在《高僧法顯傳》中所記，當法顯三藏（西元三三八—四二三年）去印度時，還見到祇園精舍的規模和雕刻、浴池、樹林、繁花等，又說祇園精舍本有七層，許多國王和人民都不遺餘力地供養幡蓋、散花、燒香、點燈等，日日不絕。繞著這個精舍共有十八所僧伽藍，都住有僧侶，只有一處是空的。可見在法顯西行的時代，祇園精舍還是非常隆盛。到了玄奘（西元六〇二—六六四年）西遊印度時，所見到的僧伽藍皆已荒廢，但東南之左右各建一石柱，高七十餘尺，左柱刻有輪相，右柱雕有牛形，聽說都是阿育王所建。不過室宇傾塌，唯餘故基，獨有一個磚室巍然而存，中有佛像。據說當年如來昇三十三天為母說法，人間不見佛陀，非常懷念，波斯匿王以他所愛的檀木為佛雕像，就是這尊像。唐朝道宣律師的《中天竺舍衛國祇洹寺圖經》也敘述了祇園精舍的建築結構，說有許多的僧院和梵鐘等等。

五二、今日的祇園精舍

從原始經律的記載和統計可知，佛陀在世時，每年必須有三個月的雨季安居，稱爲結夏；釋尊一生在舍衛城祇樹給孤獨園及其附近，結夏竟達二十一次之多。佛陀說法四十多年，周遊當時的十六大國，卻獨對於舍衛城的祇園精舍有所偏愛，可見這個道場對於佛陀當時的教化產生過多大的影響和作用。因此我們到祇園精舍朝聖時，感到非常親切，雖然時隔兩千五、六百年，霎時好像通過漫長的時光隧道，回到了佛陀的時代。

▲據傳說佛陀曾在此祇園精舍老菩提樹下入定。

我們進入祇園精舍的大門，見到一棵大菩提樹，樹齡已有數百年，雖然三分之一已經中空，而

且用磚頭砌牆加上土培，把它保護起來，但枝葉依然繁茂，園中景色一片蒼翠。我們還看到一口井，聽說是久遠以來僧眾汲水之處；又見兩座小塔的塔基，然後就是伽藍的中心。訪問的當時，正見一位緬甸比丘在那兒禮拜，他告訴我，他就住在附近的緬甸寺，每天早上都會來此朝禮佛的遺跡。

祇園精舍伽藍的中心，只有紅磚砌成的牆基，沒有房舍也沒有佛像。據研究報告說，這個遺跡，原是祇園精舍中最大的建築之一，包括一座佛殿，院中有一口井，二十一座僧房，還有門廊。從遺跡看來，在同樣地方似乎重建過三次，最近的一次大約在西元第六世紀，現在還可見到牆的殘基。這座伽藍共有

▲在祇園精舍佛陀說法堂前遇到每天來此禮佛的緬甸比丘。

二十四個房間，房間都不大，其中各有一個磚床，高約一公尺二十公分。在另一個僧房中發現有一塊西元一一三〇年的銅版證書，記載舍衛城某些村莊供養祇園精舍的僧侶的情況。由此可見，到西元十二世紀，佛教在舍衛城中依然存在。

我們在佛殿的遺址中央禮拜之後，參觀所有各處僧房和其他建築的遺址基腳。它們都是用紅磚及石片鋪砌而成，相信這是根據發掘以後的遺跡，經過人工的整修而顯出的形貌，看來相當整齊。佛殿的位置必須脫鞋才能進入，而且打掃得非常乾淨，禮拜時未感覺有砂子泥土之類的不潔之物，可見管理人員對祇園精舍的照顧非常周到而細心。事實上我們所到之處，除了那爛陀寺、鹿野苑、竹林精舍、王舍城沒有要求脫鞋之外，在其他各處的佛教聖地，都要求巡禮者脫鞋，才能進入。

在祇園精舍大殿的左前方和左側方還各有一個中心，可能是寺院組織分成幾個部分，有的是隆起的高台，有的是窪下去的平面，殿堂和僧房因爲大小格局不同，所以一目瞭然。但是從它們的尺寸大小看，最大的殿宇容納量不會超過兩百人，倒是各有寬廣的庭院，也許他們的小集會在室內，大集會在室外的廣場。

因爲祇園精舍在佛教史上的地位相當重要，所以我對它的感情也特別豐富，幾乎每個角落都走到，品味一下當時佛陀以及諸大阿羅漢們的生活環境和生活的

▲祇園精舍附近鴦崛魔羅受佛陀度化的紀念塔基。

體驗。雖然我只看到一些磚頭、草、樹和泥巴，但它們都是從佛的時代親近過釋迦世尊和諸大阿羅漢而留下來的遺物，所以仍保留著佛陀時代的氣息，活生生地顯現在我們面前。它們依舊是活著的，乃至於一粒砂子、一點微塵，都在告訴我們，它們從佛陀時代起就一直在那兒等待著我們的到來，雖然曾經被歷史湮沒了千百年，現在重新出土，和現代人類世界相見，更富有極其重大的意義，是爲了交代我們重振佛法於世界的偉大使命。從祇園精舍出來後，車行五分鐘，參觀了波斯匿王的王宮遺址，那不過是一個亂磚堆成的小土堆，什麼古物也沒有看到。從佛經中所見到的舍衛國是那樣的偉大，現在只剩下一個磚堆作爲象徵，眞是生滅無常，令人不勝唏噓。

五三、印度的中國寺

在印度的佛教八大聖地附近，包括那爛陀寺、鹿野苑、佛陀伽耶、拘尸那羅、祇園精舍，第二次世界大戰之後，幾乎都建有中國的寺院。目前有華僧居住經管的卻只有兩個：一個是前述的佛陀伽耶的中華大覺寺，另一個是鹿野苑的中華佛寺。

鹿野苑的中華佛寺內有一方石碑，上面刻有如下內容：「此中華佛寺，爲中國高僧北京法源寺方丈道階法師正傳弟子德玉老和尚，於一九三九年創立。此佛寺山門圍牆爲本寺繼承主持本照鎮參二大上人，於一九五二年向我中國旅印僑胞募建。一九五三年譚雲山敬書。」其中的道

▲鹿野苑中華佛寺進門處。

階法師和譚雲山先生，爲中國佛教徒所熟悉，也可見此寺初建於五十年前。現在由佛光山星雲法師馬來西亞籍的出家弟子慧性法師主持，另有兩位來自中國大陸的老比丘住在寺中。我們在該寺接受了茶點招待，感受到佛光山接待賓客的溫暖家風。能在聖地見到三位中國僧人，感到相當快慰。

五四、華光寺

至於祇園精舍附近的華光寺，原有住持仁證法師已於十二年前過世，現在已無人居住，僅由錫蘭比丘託管，委請三位私人警察看守。寺內既無香火，也無僧人，除了三位警察和幾名工人借宿，整個寺院已經沒有一絲道場的氣息。因爲還有寺產，所以還能自給自足，不需錫蘭比丘另外找錢來負擔開支。我們通過印度導遊的翻譯，約略知道該寺發生了什麼情況。想進一步了解時，寺中所有人員唯有指著牆上的碑文說：「你們是中國人，可以看中國字。」現在把華光寺的碑記照抄如下：

舍衛城祇樹給孤獨園華光寺碑記

佛教導源于天竺，靈蹟廣佈，舍衛城祇樹給孤獨園即其一也。地為釋迦世尊常住說法之所，十方善信咸樂往瞻禮，具見慈光普照，德化宏敷矣！鄂省體意上人夙植慧根，欣向淨業，於民國二十年披薙受戒，苦行清修，行腳參學，遍歷名山。民國廿六年發願朝聖，隻身西遊，遠邁雲峰，遐征月路，幾經寒暑，終達祇園。曾就金剛寶座菩提樹下趺坐數月，因喜聖境清涼，萌念

共餐甘露幾人
億萬衆精神飢渴想海外殺機潛伏林下頭陀稀少
三寶弟子 陳健民 薰沐撰書
卅二應靈感昭彰看寺中濟務興隆掄邊含識超昇
全仗婆心一片
華光寺觀音殿 圓成紀念

▲華光寺大殿對聯。

結廬，以資卓錫，並供掛搭。然人地生疏，語言閡隔，非所計也。適會泉、會機長老在緬宏法，轉逢、華智諸師傳教加城，聞訊相與贊助。因購地興工，卒償所願。結廬既成，額曰華光，以示中華緇素，咸沐佛陀慈光也。不幸前年突遭回祿，廿載經營頓化烏有，上人禪誦之餘立誓重建，預計約需五萬盧比，幸蒙那遮長官給地，四眾施財，復經譚雲山、吳桂年、李黃蓮馨諸居士熱心協助。然鳩工庀材仍差一簣，上人乃於丁酉三月東來募化，冀竟全功，余首獻佛像四尊值緬幣五千銖，並邀同仁集會。歡迎席間，公推廣洽、廣義、志航、竹隱諸師及莊丕唐、陳輝煌、鄭天水、畢俊輝、林慧英、林瑞鼎、鄞永千諸居士分請諸會友及各埠人士慷慨解囊，齊襄善舉。嗣集星馬菲等處捐獻，共得印幣逾萬，因此完成偉業，當有餘裕矣。上人言旋之際，云將勒碑徵信，屬誌其事，爰述梗概，以垂紀念焉。

新加坡佛教總會主席李俊承敬撰

德壽永千肅書

佛曆二千五百零一年五月十四日衛塞節沙門仁證體意立

從碑文可以看到，這是一九五七年由中國湖北籍的旅印僧仁證法師所立。他在民國二十六年（西元一九三七年），也就是抗日戰爭開始的那一年到達印度，覺得沒有落腳之處，所以發願在衹園精舍創建寺院，得到新加坡和馬來西亞檳城華僑的捐款，因從另外的碑文見到有捐款芳名的詳細記載。此外又看到陳健民居士爲該寺大佛殿和觀音殿所寫的三副對聯。現謹抄觀音殿的一聯如下：

「卅二應靈感昭彰看寺中灋務興隆埨邊含識超昇全仗婆心一片

億萬众精神飢渴想海外殺機潛伏林下頭陀稀少共餐甘露幾人」

此寺從外觀看是四合院的形式，內部有佛殿、廚房、僧寮、寶塔。建築物看來既有中國色彩，也有印度色彩。「大雄寶殿」的四字門額由譚雲山居士所題，大殿背後是六角寶塔，有七層或九層，可從內部拾級而上，面面都有窗戶。大雄寶殿供有三尊三尺高的緬甸玉佛，供桌上還有兩尊一尺高的玉佛和兩尺長的臥玉佛，那大概就是由李俊承居士所獻。三尊佛像背後就是觀音殿，事實上還是在同一間佛殿，供有一尊觀音菩薩立像，約三尺多高。在觀音殿的對面，也就是佛殿後壁的牆上，嵌有一幅石刻的人像，仁證法師居中，右邊是陳輝煌，左邊是李俊承，那是一九五九年七月合影的石刻，看來相當逼眞。如今這三人都已不在人世，而他們的功德依舊存留人間。

我祈禱著中國佛教界能夠早日派人前去照顧這座寺院，不過首先有兩個困難需要克服：第一，印度與中華民國沒有邦交，不容易批准臺灣的僧尼在印度久居；第二，印度的環境，尤其是祇園精舍附近，其生活水準和經濟條件要比臺灣落後二十年，有誰肯發這樣的大心？可惜我已老邁，否則很想就此在祇園精舍附近住下，好好修行。像鹿野苑的三位中國比丘，都不是拿臺灣護照。中國大陸的生活水準和印度相比，差距不遠，而大陸與印度是有邦交的，近年來也有十幾所佛學院一批一批地培養出家的青年僧尼，若論派遣到印度的條件，可能要比臺灣容易。

五五、我是中國比丘

當我離開華光寺，總覺得還有什麼事情沒有辦而需要辦，回頭看了又看。這是華人的心血，是中國佛教徒的努力和希望，爲什麼沒有人去照顧它？後來我也打聽到現在代管華光寺的那位錫蘭比丘的名字是Srt Praganand Bhante，他在勒克腦（Lucknow）有兩座寺院，一是Lal Bagkuah，另一是Rishaldar Park，每一、兩週便從勒克腦他的錫蘭寺院來舍衞城的華光寺看一次，似乎無意把它佔爲己有而變成錫蘭寺院的財產。據說他是仁證法師生前最信任的一位朋友。我默默地祈禱那一位有福的大德早日前來照顧它，直到現在還是未能釋然於懷。

照道理說，佛教無國界，我爲什麼還會爲這一點放不下？大概因爲我這一生是生爲中國比丘吧！對了，當時佛陀不論在那裡都愛護所在地的國家，並教導所在地的國王推行仁政、愛護國民。也就是說，他到那裡，就是那裡的人，就愛護那個國家和人民。我是佛的弟子，此生是中國人，應愛護中華民族和中國文化。當我在日本留學時，我也愛日本那個國家；現在我是持有美國永久居留權的中國人，因此我既愛中國也愛美國。但我還是中華民國的國民，也是中華民族的黃帝子孫，沒有辦法不關心中國人在海外辛苦經營而建成的中國寺院。

這是我在印度朝聖的行程中，最傷感的一天，好像那座廟本來就是我建的而被人家遺棄了一樣。我在那爛陀寺見到福金喇嘛所遺留的中華佛寺，還沒有這種感覺，因爲至少尚有一位緬甸比丘在那兒照顧；而此地的華光寺，情形完全不一樣。當我去年在大陸探親，經過上海我從前趕過經懺的狼山下院大聖寺時，也幾乎曾有過與此次完全相同的感情，因爲那座寺院已經改成工廠。

印度的佛教聖地附近幾乎都有斯里蘭卡僧，也幾乎都有上座部的寺院，包括緬甸、泰國在內，而且有愈來愈多的西藏喇嘛在各佛教聖地附近建立了寺院；此外又可在印度看到一部分日本佛教徒的蹤跡，主要是在王舍城的範圍內。唯獨中國佛教的力量，表現太弱。唯有希望我國有更多的佛教徒去聖地朝禮，激發對於聖地的感情。那是佛法的源頭，應該飲水思源，協助並鼓勵印度政府重視佛教，恢復佛陀時代的佛教舊觀。

在印度的歷史上和文化中，値得印度民族紀念的，有不少人物和故事，其中以釋迦世尊和阿育王的名字，是最最響亮的兩位。那都是由於中國的求法高僧把他們的史蹟記載了下來，再加上從地下發掘出土的佛教遺跡，才讓印度人從實物和文獻的記載，了解到古代印度的偉大，所以他們不會反對佛教的復興。斯里蘭卡系的上座部佛教，已在印度努力了幾十年；中國系的大乘佛教對印度社會所產生的影響，讓他們知道有唐朝的玄奘三藏，而現代的玄奘三藏在那裡呢？

五六、斯利那加的動亂

十月二十六日下午，我們從祇園精舍乘了五個小時的車，到達勒克腦市（Lucknow City），轉搭印航國內線班機到德里，晚上十一點鐘，才投宿在德里的中央飯店（The Central Hotel）。用過晚餐，就寢時已是凌晨十二點三十分。

十月二十七日上午，本來應該到印度北部喀什米爾（Kashmir）省境內的斯利那加（Srinagar），此地位於旁遮普（Punjab）省北面、喀什米爾省的西部。

印度各民族之間的政治問題似乎少於宗教問題。我們知道印度的宗教很複雜，除了有印度教與錫克教之間不斷的內亂和內戰，還有印度教和回教的相互對立與仇視。錫克教本身是以回教爲主，吸收印度教的若干內容而成立的新宗教，其背景還是回教，因此也可以說，印度的不安寧，主要來自回教與印度教的紛爭。例如孟加拉原來是印度的一省，結果經過幾次印回戰爭，終於跟巴基斯坦呼應，脫離印度治權的範圍，獨立成爲一個國家。現在的喀什米爾也是以回教徒的人數居多，所以經常在鬧著獨立運動，希望脫離印度，不受印度教的政府統治，其目的不在政治，而在宗教。

斯利那加是印度北方風景非常優美的旅遊勝地，有山、有水、有溫泉。本來旅行社安排我們在緊湊的朝聖行程之後，有兩天的時間到斯利那加做一番休息和輕鬆的旅遊觀賞。可惜二十六日下午，旅行社就得到消息，斯利那加當地發生動亂，進入軍事戒嚴狀態，空中交通中止。幸好我們還沒去，否則到了那邊，情況更糟。旅行社因此臨時改變行程，讓我們在德里多留了兩天。

五七、朝聖檢討會

二十七日整個上午大家都在德里中央飯店休息。下午二點三十分至四點，在旅館召開了檢討會。

因為這一天沒有排定任何活動，正好利用下午空閒的時間，讓大家作一次朝聖檢討。並且藉此機會對朝聖團的領隊、工作人員、所有發心熱心服務的團員，以及大使旅行社的五位導遊，作了個別的介紹、感謝與慰勉。

這次的檢討會是由法鼓山中華佛學研究所護法會理事長楊正果王居士擔任主席，主持會議，因為他是我們的總領隊，在他致詞之後，請我做了三十分鐘的開示。

我開示的內容，大致上是說，這次的朝聖團，每位團員的表現都非常好，大家都能互相謙讓，彼此協助和尊重，在和諧、親切、愉快，而又極其虔誠的情況之下，走完了朝聖的行程。除了在尼泊爾，有一位團員不幸被牛撞傷，送回臺灣之外，全團其他團員從開始到結束，都能平安、健康。這是由於三寶的加被，和全體團員對佛法的信心與平日的修持所至。所以我感到非常欣慰，並對大家作了嘉勉。

同時，我又提醒大家，要把朝聖的精神，和在聖地的經驗與感受帶回國內、帶回家去。並且用三個心來勉勵全體朝聖團員，希望大家在回國之後，運用到平常生活中，而有所受用。當我們來的時候，還有貪心、瞋心和愚癡心，現在回去，要改變成施捨心、慈悲心和智慧心。同時我也對五位大使旅行社的導遊，表示了謝意。他們是以經理陳麗鋒先生為首的五位居士，經歷過這次朝聖旅行導遊之後，就好像釋迦世尊成道之後，在鹿野苑初轉法輪所度的五位比丘。他們本來都不是佛教徒，但是在朝聖的行程中，不斷地補習有關佛教遺跡的歷史，向我們這些團員一處又一處、一個故事又一個故事地把佛陀的生平，和有關聖地的故事介紹出來。陳麗鋒先生也非常歡喜而客氣地對我們表示謝意，並且當場合掌說，希望真能被這次朝聖團所度。他並把這次賺的導遊費捐給我們的法鼓山中華佛學研究所。又很快地把朝聖旅遊心得寫好，交給了我。像這樣敬業、謙虛，而又慷慨、盡責的導遊人員，我還是第一次看到，真使我們感動。

我開示之後，便由領隊施建昌居士，分車分組把全團的人員作了介紹，又把美國隊的十三位團員請出來，讓他們向臺灣隊的所有團員作自我介紹。

最後由施建昌居士提出他自己對行程的安排與全團的情況，所作的幾點檢討，都非常中肯、實在。事實上，這次朝聖團從一開始直到結束，最辛苦的人員一共有三位，那就是臺灣隊的施建昌、廖雲蓮，和美國隊的盧惠英。他們花了將近半年的時間奔走、聯絡、策畫，然後在行程中，又擔任極其重要的領隊和副領隊的工作，可以說是在早起晚睡、不眠不休、任勞任怨的情況下，度過了兩個星期，成就了這次八十人的朝聖團。

檢討會之後，下午四點三十分，團員們部分在旅館休息，部分到市區的購物中心參觀，他們也購買了一些印度土產。最難得的是，這次朝聖團團員們所購的紀念品，多半是念珠、佛像等宗教用品。他們並把好的、值錢的都捐了出來，準備給法鼓山陳列，或中華佛學研究所義賣。

五八、印度的回教王朝

十月二十八日，上午八點三十分從旅館坐車到達古德明納塔（Qutb-Minar）。此塔是由印度奴隸王朝的蘇丹．古德博（Qutb-ud-din Aibak 西元一二〇六—一二一〇年），建於西元一一九九年。塔呈錐狀，五層相疊，高七十二點五公尺，是古德博爲炫耀其戰功而建。回教在阿拉伯沙漠興起後，漸漸地在阿拉伯的政治上佔著強有力的地位。接著波斯人強化了回教的勢力，又有土耳其人將此勢力向東方與西方擴張。改宗回教的土耳其人比阿拉伯人和波斯人更具有宗教狂熱，因此奠定了回教在印度建立政權基礎的，應屬土耳其人。

回教勢力在西元十一、十二世紀入侵印度之後，於五百年間，先後建立了奴隸王朝（Slave Dynasty 西元一二〇六—一二九〇年）、卡爾基王朝（Khalji Dynasty 西元一二九〇—一三二〇年）、突格盧王朝（Tughluq Dynasty 西元一三二〇—一四一四年）、沙依德王朝（Sayyid Dynasty 西元一四一四—一四五〇年）、樓迪王朝（Lodi Dynasty 西元一四五一—一五二六年）和蒙兀兒王朝（Mughul Empire 西元一五二六—一八五七年）。其中樓迪王朝是由阿富汗人所建，蒙兀兒王朝也曾有十五年（西元一五四〇—一五五五年）是受阿富汗人統治。

第一個統治印度的回教政權是土耳其人所建立的奴隸王朝。事實上，奴隸王朝前後共由三個族姓統治（Aibak of Qutbi Dynasty 西元一二〇六—一二一〇年；Iltutmish of Shamsi Dynasty 西元一二一一—一二六五年；Balban of Balbani Dynasty 西元一二六五—一二九〇年）。因爲這三個朝代的開國蘇丹都是奴隸出身，因此統稱爲奴隸王朝。然而，除了古德博之外，其他幾位都在即位爲蘇丹之前很久，便正式脫離奴隸身分。

▲德里古德明納塔。

古德博是奴隸王朝的首任統治者。他自幼便被賣爲奴隸，幾度易主，最後爲統治古耳（Muhammad of Ghur）的夏哈勃（Shahab-ud-din Alias Muiz-ud-din）所購買。由於他才幹卓越，很快便受重用，不僅協助夏哈勃征服印度，並且在夏哈勃多次離開印度，出兵波斯時，代其鞏固且擴展在印度的統治權。因此當夏哈勃於西元一二〇六年在征途中被刺殺後，古德博便受請正式統治印度，開始了回教在印度的政權。

基於對宗教信仰的狂熱，這位回教政權的統治者，即位後便把所有的印度教和佛教寺院，全部摧毀，然後拆取原有的材料，建築其回教的清眞寺。臨近古德明納塔，便有一座回教神殿的遺跡，其建築就是來自十七座被摧毀的印度教和佛教寺院的雕刻精品。我們也看到很多用紅砂石雕刻的阿拉伯文圖案。目前在當地所能見到的，只是大門和幾座廢牆。那座古德明納塔固然高聳入雲，這些大門的殘跡和牆垣，也需要我們仰起頭來，才能瞻其全貌。

接著我們搭車轉往胡馬雍的陵墓。胡馬雍（Humayun 西元一五三〇—一五五六年）是印度蒙兀兒王朝的第二代皇帝。自從他的父親拔巴（Babur 西元一五二六—一五三〇年）擊敗阿富汗人所建的樓迪王朝，奪得政權之後，阿富汗人一直想要取回統治印度的權力。胡馬雍繼位之後的十年當中（西元一五三〇—一五四〇

▲古德明納塔旁的回教寺院遺跡。

◀胡馬雍陵墓。

年），南征北討，始終奔波於與阿富汗的戰爭中，最後於西元一五四〇年，在丘沙（Chausa）的戰役中，敗給阿富汗的佘夏（Sher Shah 西元一五四〇—一五四五年），逃亡波斯十餘年。後來藉著波斯人的幫助，直到西元一五五五年夏天，才光復德里，使蒙兀兒王朝的統治得以延續。然而胡馬雍本人卻在復位後僅只半年，便從階梯上摔下來，跌破頭骨，一命嗚呼。這座陵墓是在他死後九年，由他的妻子哈姬貝紅（Haji Begam）所建。這是印度境內第一座蒙兀兒王朝代表性的建築，其特色是八角形的平台、高大的拱門、有柱涼台，以及雙層圓頂。除了胡馬雍之外，尚有數位王室的王子、公主，甚至爲他蓋陵墓的哈姬貝紅，都葬身於此。西元一八五七年，蒙兀兒王朝的最後一位皇帝巴哈多（Bahadur Shah Zafar）曾在此避難，他最後被英國人捉拿，放逐緬甸，而死在緬甸。

五九、新德里

▲新德里新建的印度教廟宇。

參觀了回教王朝的建築之後，我們又登車到新德里，參觀印度中央政府的所在地，包括總統府、總理府以及國會前的廣場。此外，還有一條通向總統府，非常寬廣的大道，在大道另一端的中間，有一座巨大的建築物，叫作印度門（India Gate），外形模仿法國巴黎凱旋門，是英國政府爲紀念第一次世界大戰，爲英國而戰的印度陣亡將士所建。

在印度中央政府的所在地所看到的景觀，不論建築、街道，都不像是個落後的國家。除了街頭還有一些乞丐和弄蛇、玩猴把戲的風光之外，一切就像是在歐美地區，當

▲紅堡的正殿。

然也看不到被印度人當成神來拜的牛滿街跑。一般人民穿著的衣服和所住的房屋，都相當西化和現代化，跟紐約的鄉下或華盛頓特區的郊區，沒有什麼兩樣，所以並不能說印度全是貧窮的。而且目前印度不僅是人口大國，更是世界軍事大國，它早已擁有核子武器。可惜的是，他們國內還沒有一條全國性的高速公路，只有德里市內有幾條非常寬敞的大道。

中午在旅館午餐之後，略事休息，下午二點三十分到甘地紀念陵，實際上就是甘地的火化處。目前它是一個四邊隆起，中間低窪，正方形的紀念園。甘地的火葬台就在園的中央。我們只在四周高起的步道上巡視一周，看到紀念陵的園裡園外都是一片韓國草坪。許多旅客穿梭來往瞻仰甘地的火葬場。離開甘地紀念陵，就去參觀印度教的寺院。那是一座新建只有二十多年歷史的寺院，因此准許觀光客進去參訪。但我們時間有限，沒有進去參觀。

接著到建於西元十六世紀，由回教蒙兀兒王朝第五代皇帝沙加罕（Shah Jahan西元一六二七——一六五八年）用阿格拉（Agra）特產的紅砂石，費時十年所建的紅堡（Red Fort）。可惜建成時，沙加罕便被他的兒子奧倫加巴（Aurangzeb 西元一六五八——一七〇七年）幽禁。這座城堡實在是偉大，沙加罕建它本爲防禦外患所用，不料禍亂起於內部，結果反成被自己兒子拘禁的所在。

▲紅堡國王宴會廳，中央的白玉精雕蓮花形水池。

六〇、阿格拉的國王套房

十月二十九日上午沒有觀光活動，大家收拾好全部行李，十點鐘便乘車轉移到德里另一家旅館 Vasant Continental Hotel，十一點鐘吃午飯。下午一點鐘出發，車行四個小時，六點二十分到達阿格拉，住宿在Welcomegroup Mughal Sheraton旅館。

我被送到國王套房（Raja Man Singh Suite），那是我有生以來見到最豪華的王宮式的旅館套房。內外共有兩間，外面有一張床和鞦韆架，裡面有兩張床。每張床上都能睡三到四人，床頂都是傘蓋形的寶帳，都鑲有金絲與類似寶石裝飾的垂幔。每張床上都有圓筒形的靠枕，長度約一公尺，直徑約兩英尺，紅底繡金，工夫相當細緻。床頭壁上懸有武士用的一套胸甲和兩面盾牌，都是眞的骨董，不是仿製品。外間桌上陳列著一件相當大的裝飾品，是兩隻寶象拖著一輛寶車，車上是一座雕刻非常精細的寶宮，整件作品都是銅質的。牆腳邊上內外置有兩只好大的銅質花瓶，雕刻非常精美。內間牆上掛有幾幅已經斑駁的油畫，筆法相當細膩。整個房間的布置，已使得住在裡面的人感覺到皇家的高級享受。這間套房的房門，也和其他所有房間不同，門上是用鍍金的材料製成類似城堡大門的圖案，門邊牆上掛有一塊長各三尺，正方形的標示，上面寫有紅底金字的Raja Man Singh Suite（國王套房）幾個字。從內到外，這些豪華的設備，估計大約超過兩萬美金，如果是在美國，價值應在五萬美金以上。

但是那卻是個中看不中住的擺飾。因為套房四邊的窗戶密封，且正面對著院中的水池，室內的空氣非常閉塞、沉滯，帶有強烈且刺鼻的霉味。床上的枕、被、床單，像是培養菇類的溫床，是澀而膩的感覺。因為我的氣管一向很弱，遇到空氣不新鮮、不流通，呼吸就困難。施建昌和廖雲蓮本來認為那是最好的房間，因此分配給我和果元師兩位比丘，以表示對僧寶的尊敬。但在這樣的狀況下，只好去和其他團員商量，而把陳明聲居士夫婦兩人在三樓的房間讓給了我。陳居士與果元師分別住在國王套房的內外兩個房間，陳太太與另一位女居士同住一個房間，我真感到對不起他們。第二天早上一見面，果元師就對我說：「師父，印度此地有濕婆神，昨晚我做了一夜的濕公神。」大家聽了哈哈一笑。由此看來，這個旅館的老闆是西方人，他們雖蓄意把房間布置成印度皇宮的形式，但是實際經營、照顧旅館的卻是印度本地人，他們不知道如何調節房間的空氣，實在非常可惜。

六一、泰姬瑪哈陵與阿格拉堡

十月三十日上午七時三十分，從旅館出發，車行二十分鐘，到達泰姬瑪哈陵（Taj Mahal）。此陵緊靠耶魔那河（Yamuna River）的東岸，是蒙兀兒王朝第五代皇帝沙加罕，爲紀念他的第三任愛妻慕塔如瑪哈（Mumtaz Mahal）去世而建。她爲沙加罕在十九年之間生了十四個兒女。因爲沙加罕太愛她了，在她去世以前便立下誓願，從此以後，永不再娶，並在她去世之後，花了二十二年（西元一六三一——一六五三年）的時間，建造完成了泰姬瑪哈陵。

這座陵墓的建材是採用中東出產的白玉石，經過精工琢磨、鑲嵌而成。它已成爲世界七大奇觀之一。到印度旅遊的人，沒有參觀過泰姬瑪哈陵的相信很少，所以我也不想再作介紹。爲了一個皇后而蓋了這麼大的一座建築，雖然也爲文化留下了遺產，但是把印度人民的財富用之於這樣的建築，只能表示當時回教王朝的驕狂而已。

離開泰姬瑪哈陵，我們便轉往阿格拉堡（Agra Fort），那是蒙兀兒王朝幾代君主所居之處。蒙兀兒王朝的皇帝之中，除了第一代的拔巴（Babur 西元一五二六—

▲泰姬瑪哈陵。

一五三〇年），第三代的阿克巴（Akbar 西元一五五六—一六〇五年），與第四代的甲漢基（Jahangir 西元一六〇五—一六二七年），把首都建在阿格拉之外，其他的皇帝都建都在德里。阿格拉堡便是第三代皇帝阿克巴所建。阿克巴被認爲是蒙兀兒王朝最偉大的一位皇帝，在當時與現代歷史學家認爲他不僅是印度千年以來最偉大的統治者之一，更是世界上最富盛名與最具權力的統治者之一。阿克巴自幼便對騎、獵、武術等技藝，比對文、史等

▲阿格拉堡的國王寶座，正前下方是宰相座。

學識更感興趣。在他十四歲登基以前，早已幫助他的父親胡馬雍統領印度的幾個省。而他統治印度期間也是蒙兀兒王朝的黃金時代。由於他希望達到全印度政治統一的目的，所以對印度本土多種民族的不同文化與宗教信仰，採取寬容的態度。因此他之所以受到愛戴，不僅僅因爲他本身具有成爲偉大君主的特質，更是因爲他能了解人民的需要，順應民意。

我們在前一天傍晚，前往旅館的路途中，參觀了阿克巴的陵墓。

阿格拉堡是由阿克巴花了八年的時間（西元一五六五—一五七三年），在原來巴答加哈城堡（Badalgarh Fort）的廢墟上建成。繞城堡一周的距離約有兩公里。阿克巴建造了城門和城牆，堡內除了阿克巴宮、甲漢基宮以外，其他幾棟主要的建築物都是由沙加罕所蓋。後來奧倫加巴又加建了外圍的防禦壁壘、溝渠，及五道城門入口。整座城堡因有高大的城牆、角樓以及城牆口，使得外表看來相當壯觀。城堡內經過特殊設計的建築物外觀，以及宮殿內部的構造，顯示了中世紀印度城堡的特色。然而，到了西元十八世紀中葉，這座阿格拉堡便被來自西方的武力破壞了。

阿格拉堡位於耶魔那河的東岸，與泰姬瑪哈陵遙遙相對，距離有十公里左右。此堡內外共有四層護衛，外護城河、外城牆、內護城河、內城牆，然後才是宮室。內城牆的牆壁從地拔起五、六丈高，這樣的城堡當然高不可攀，而利於攻守，在戰術和戰鬥上具有重要的意義。可惜當時並沒有外力的侵犯，禍患卻是起於宮廷的內部。在甲漢基的晚年，許多國事逐漸地都須經手於他頗具才幹的妻子娜加含（Nur Jahan）。甲漢基死後，娜加含於是野心勃勃地想要左右政權，讓她自己的女婿取代王位繼承人沙加罕當皇帝，好作爲她的政治傀儡，結果引發多位王族的叛變，沙加罕的王位便是依靠武力爭奪而來。後來沙加罕的兒子奧倫加巴，甚至沒有等到他去世，就起兵篡位，並且把他幽禁在阿格拉堡，到死爲止。他被幽禁的期間，要求住在一間八角形的小宮中，正好面對著泰姬瑪哈陵的方向，如此朝朝暮暮對他的愛妻寄予懷念，慰藉了一代英雄落寞的晚景。

蒙兀兒王朝的皇帝中，比較知名的共有六位，他們是從第一代到第六代的拔巴（Babur 西元一五二六—一五三〇年）、胡馬雍（Humayun 西元一五三〇—一五五六年）、阿克巴（Akbar 西元一五五六—一六〇五年）、甲漢基（Jahangir 西元一六〇五—一六二七年）、沙加罕（Shah Jahan 西元一六二七—一六五八年）與奧倫加巴（Aurangzeb 西元一六五八—一七〇七年）。奧倫加巴以後的皇帝，慢慢地一代不如一代，勢力逐漸減弱，曾經輝煌的蒙兀兒王朝因而變成一個有名無實的王朝。後來歐洲人登陸，印度這片沃土最後終於在西元十八世紀以後成爲英國的殖民地。

蒙兀兒王朝的前六位皇帝，文治武功都非常傑出，他們對建築藝術的傾心幾乎到了發狂的程度。尤其是第五代的沙加罕，運用了他歷代祖先的積蓄，與傾國的財富，大興土木，修築興建了幾個城堡，都是長年累月，動員千萬人民，爲他獻上勞力和智慧。也因此，到今天印度還有這些古文化的遺跡供國際訪客憑弔、觀賞。

回教建築慣用他們熟悉的幾何圖形的結構與造形，加上印度古文化的色彩，不僅僅是細部的雕刻鑲嵌力求精美，在規模上也力求雄偉廣大。每一個回教王朝所遺留的城堡陵園，面積都很寬廣，不像在尼泊爾所見到的王宮，雖然精細，但空間的感覺卻非常狹隘。這些建築另外一個最大的特色，就是在宮殿的內外，都設置了水渠，縱橫交錯，四通八達。但是到今天，除了泰姬瑪哈陵的水渠仍然保持綠水長流之外，其他城堡的水渠都已枯竭，然而還是可以從目前遺留的水渠，想像當年的景色。我們在阿格拉堡參觀時，問起印度的導遊，像面積這樣大、方圓幾公里的城堡，要使得水渠經常保持流動且新鮮，當時又沒有電動的馬達抽水，究竟他們是用什麼樣的方法維持水流的新鮮？導遊說，根據記載，當時有六萬人被用來維護宮殿水渠的暢流。

爲了維持一個宮廷的豪華生活，要動用六萬名奴工，每天把水渠下游的水裝入桶裡，用肩背、用頭頂，再倒入上游的水塔，川流不息，疲於奔命。這不僅是人力的浪費，也是殘暴的行爲，類似於中國歷史上的秦始皇。所以當我參觀回教王朝所留下的宮殿建築時，除了爲當時的印度人民感到心酸，並沒有被宮殿的豪華所動心。

在阿格拉堡的國王接見各國使節的宴會廳牆上，有以寶石嵌成的兩句阿拉伯文：「假如有天堂，此間比它好。」這個國王是回教徒，不信天堂，只相信他用權力所建造的宮殿是最豪華的，這種心態是多麼的驕狂。大廳四面牆壁都用寶石鑲嵌，宮頂用珍珠、藍寶石、紅寶石、翡翠、鑽石拼成各式圖案，即使經過幾百年的歷史，名貴的寶石已被剔除一空，但痕跡猶在，普通寶石還殘留。這樣的窮奢極侈，使你感覺人間不可能有這種地方，這也許是回教民族所獨有的，喜歡賣弄財富的習性。

由於類似的觀光旅遊對我沒有什麼吸引力，所以其他的行程，我也不想再寫了。

六二、德里車站

十月三十日下午七點離開阿格拉旅館，乘上八點二十分開往德里的特快火車。這是我們朝聖以來第一次乘坐印度的火車，因為它是特快的，設備還算可以，招待也很親切，不過若想喝茶，必須另外付錢，這有點像在中國大陸旅行，車票裡不包括茶水費用。

到達德里車站已是晚上十點二十分，車站之大而擁擠，可以媲美中國的北京車站，也有不少人睡在車站外的廣場等候班車。我們下車時由當地導遊帶領我們快步在月台上穿梭而行，上下天橋，健步如飛。車站的旅客比肩接踵，非常擁擠，但是導遊只是空手而行，沒有想到我們這團人每位多多少少都有一個提包或一袋行李，而且多半是婦女。也許他看我能夠亦步亦趨，緊追不捨，所以我跑得快，他跑得更快，有點像上靈山時的情況，而且比上靈山時更緊張，跟不上就丟掉了，我還不時回頭看團員是否跟上。本想叫住導遊，但他總是走在我前面好幾步。

更妙的是當大家剛剛登上久候在火車站停車場的四輛遊覽巴士，不知什麼原因，我們臺灣的導遊和印度的導遊沒有取得聯絡和溝通，其他三部逕自開走了，我所坐的這一輛卻留在原地，等了半小時。我們看司機，司機看我們，面面相覷，司機不懂英文，我們不懂印度語，互以爲對方在等人。結果臺灣導遊跟他比手劃腳，叫他開走，他總算會意。當時眞不知道他會把我們載到那裡去，結果還好，當他把我們送到十多英里以外的瓦森大陸旅館（Vasant Continental Hotel）時，看看指針，已是十一點三十分。

六三、揮別印度

臺灣隊的人員要搭乘十月三十一日凌晨三時的印航班機飛往曼谷，經香港轉回臺北，所以他們從德里車站到旅館後，既不能投宿，也沒有晚餐。我們美國隊的團員卻要多留一個晚上。

臺灣隊忙著收拾行李、檢查證件、結清帳目，到十二點多，跟我們美國隊的人員說再見。

經過兩個星期的朝聖，朝夕相處，我和全團每一位團員都有較多的時間談話和接觸。有人一向害怕師父，既尊敬又畏懼。有一位居士臨分別時告訴我：「每次見到師父都會全身發抖，想要說的話都說不出來，有時本來有些問題想請教師父，見到師父時卻一句話也說不出口。但經過兩個星期的相處，這種感覺消失了，發現師父並不是難以親近的人，跟在臺灣所見嚴肅的師父，不大相同。」我告訴他們：「如果我老是把臉拉得板板的，那我自己也不舒服，可是在必須嚴肅的場合，總不能叫我嘻嘻哈哈的啊！」他們聽了哈哈大笑。團員們都答應回去之後寫一篇朝聖的心得，究竟寫得如何，請大家拭目以待吧！（已有數文刊於《人

生》月刊七六及七七期）

我跟著美國隊的人員於十一月一日上午乘七點三十分的印航班機，揮別印度，經由倫敦，到達紐約，費時十八小時，在一日下午四時安抵紐約甘迺迪機場，五點半回到禪中心。

阿彌陀佛，我要在這裡感謝三寶及護法龍天，給我們的加持，使這次旅程愉快和全程平安。

（本書由我口述的初稿，完成於一九八九年十二月二十四日，第一篇至五十四篇及最後三篇由葉果智居士筆錄，第五十五至六十篇則由林果立居士筆錄）

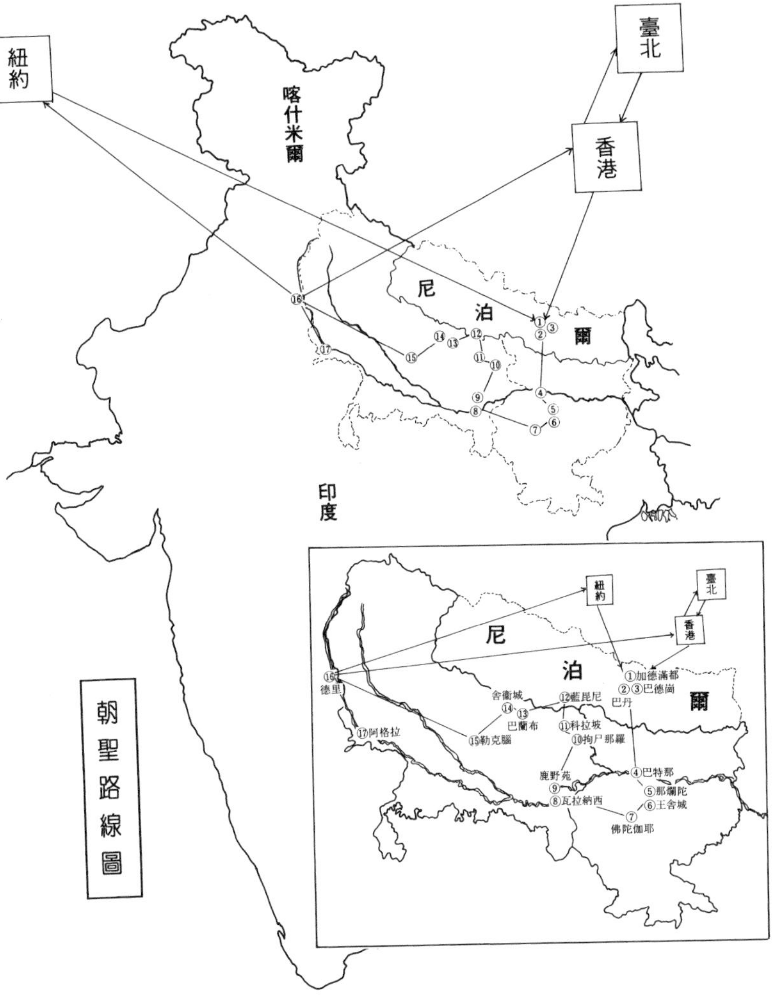
朝聖路線圖
紐約
臺北
香港
喀什米爾
尼泊爾
印度
①加德滿都
②③巴德崗
巴丹
④巴特那
⑤那爛陀
⑥王舍城
⑦佛陀伽耶
⑧瓦拉納西
鹿野苑
⑨
⑩拘尸那羅
⑪科拉坡
⑫藍毘尼
⑬
巴蘭布
⑭
舍衛城
⑮勒克腦
⑯
德里
⑰阿格拉

國家圖書館出版品預行編目資料

佛國之旅／聖嚴法師著. -- 四版. -- 臺北市：
法鼓文化, 2014.11
面；　公分
ISBN 978-957-598-655-1（平裝）

1.遊記 2.佛教 3.印度

737.19　　　　103020542

佛國之旅

Pilgrimage to the Land of the Budda

寰遊自傳 3

著者／聖嚴法師
出版／法鼓文化
總監／釋果賢
總編輯／陳重光
編輯／方意文
封面設計／邱淑芳
地址／臺北市北投區公館路186號5樓
電話／(02)2893-4646　傳真／(02)2896-0731
網址／http://www.ddc.com.tw
E-mail／market@ddc.com.tw
讀者服務專線／(02)2896-1600
原東初出版社1990年初版
四版四刷／2019年4月
建議售價／新臺幣220元
郵撥帳號／50013371
戶名／財團法人法鼓山文教基金會—法鼓文化
北美經銷處／紐約東初禪寺
Chan Meditation Center (New York, USA)
Tel／(718)592-6593　Fax／(718)592-0717

法鼓文化